学习内驱力

不用督促也能成为学习高手
21天训练营

崔馨◎著

中国铁道出版社有限公司
CHINA RAILWAY PUBLISHING HOUSE CO., LTD.

图书在版编目（CIP）数据

学习内驱力：不用督促也能成为学习高手21天训练营/崔馨著. — 北京：中国铁道出版社有限公司，2022.9
ISBN 978-7-113-29045-0

Ⅰ.①学… Ⅱ.①崔… Ⅲ.①学习方法-家庭教育 Ⅳ.①G791②G78

中国版本图书馆CIP数据核字(2022)第060500号

书　名：学习内驱力：不用督促也能成为学习高手21天训练营
XUEXI NEIQULI:BUYONG DUCU YE NENG CHENGWEI XUEXI GAOSHOU 21 TIAN XUNLIANYING
作　者：崔　馨

责任编辑：巨　凤　　　　编辑部电话：（010）83545974
封面设计：仙　境
责任校对：安海燕
责任印制：赵星辰

出版发行：中国铁道出版社有限公司 (100054，北京市西城区右安门西街8号)
印　　刷：三河市兴达印务有限公司
版　　次：2022年9月第1版　2022年9月第1次印刷
开　　本：880 mm×1 230 mm 1/32　印张：6.125　字数：210千
书　　号：ISBN 978-7-113-29045-0
定　　价：59.00元

"教育不是注满一桶水，而是点燃一把火。"爱尔兰诗人叶芝

亲爱的家长们，作为父母，我们要相信每一个孩子天生就对知识有渴求，对学习有天然的兴趣和热情。我们更要相信一定有方法，能在家庭教育中发掘孩子的天赋和对学习的兴趣，点燃孩子对学习的热情。

点燃孩子主动学习热情的这把火，需要一种力量，而这种力量，就是内在驱动力。

内在驱动力，是在需要的基础上产生的一种内部唤醒状态或紧张状态，表现为推动有机体活动，以达到满足需要的内部动力。

父母们都知道，小孩子在刚出生的几年内，往往对外界有着极其强烈的好奇心，他们像海绵一样不停地吸收着新的知识，渴望探索和学习。甚至，有时父母因为孩子的"十万个为什么"感到啼笑皆非或者无奈，大呼："孩子们怎么会有这么多为什么！"

可是，为什么到了学校，会有那么多的孩子逐渐丧失了学习的内

在动力呢？他们厌恶课本，讨厌学习，讨厌写作业，更讨厌父母提及成绩。

爱德华·L·德西是社会心理学界知名的学者，他和合作者理查德·瑞安共同提出的自我决定理论（self-determination theory），在心理学领域影响很大，而该理论最核心的概念之一就是内在动机（intrinsic motivation）。

德西和瑞安通过研究，发现每个人都有三种最基本的心理需求：自主（autonomy）、胜任（competence）和联结（relatedness）。当三种心理需求得到满足时，特别是自主的需求得到满足时，能持续激发一个人的内在动机，从而全心全意地投入某件事情，同时拥有最好的体验和表现。

- 自主需求（Autonomy），即能够自由选择和控制一些事情；
- 胜任需求（Competence），即我们常说的，有能力做好一件事；
- 联结需求（Relatedness），即我们能感受到被爱和接纳。

德西曾经做过一个实验，叫"索玛拼图实验"。索玛拼图是一种益智游戏，类似于俄罗斯方块的嵌套游戏，玩家需要将7个索玛方块拼成图纸上的指定图案。

德西把玩家分成A、B两组，他们都使用同样的图纸。他让两组玩家分别玩3天，在每天的实验中玩家会拼4个图案。在玩到第2个图案时，他会对玩家说："现在我需要录入数据，不得不暂时离开实验室几分钟，你们可以继续玩，也可以看看杂志。实验室中摆放的杂志有《时代》《纽约客》等。"当然，德西没有离开实验室，而是在实验室镜子后秘密观察着两组玩家。镜子是单面镜，德西能看到玩家，玩家看不到他。德西秘密观察玩家在等待期间是会选择继续玩索玛游戏，还是会立即去看杂志。

实验中，唯一的区别是，德西会在第2天奖励A组1美元，而B组没有。

两组玩家的经历如下表所示：

表　实验分组方式

	第一天	第二天	第三天
A组	不奖励	奖励	不奖励
B组	不奖励	不奖励	不奖励

当德西离开实验室之后，第1天，A组与B组差异不大，两组玩家都继续玩了3~5分钟；第2天，拿到奖励的A组玩得更久，他们玩了超过5分钟！然而，第3天发生大逆转，与第2天相比较，之前拿到奖励的A组只玩了较少时间，相反，一直没拿到奖励的B组反而玩了更长时间。

这个心理学实验，给我们揭示了：奖励，尤其是金钱奖励，并不会让一个人爱上做一件事。为了得到奖励而做事情的时候，人们往往对这件事本身不仅不会喜欢，还会有排斥。

后来，这位心理学家又尝试在实验的基础上，做一些变动。他把游戏规则改成了：如果你拼不出来玛索拼图，我会给你扣分。

结果也出奇的类似，实验者仍旧对威胁，或者说惩罚本身在意，却并不会爱上拼图这件事。

从这个实验，我们得到的启发是：学习的内在动力来源于学习内容本身，孩子们感受到学习新知识的乐趣，探索未知的成就感和"我能行"的自信。学习动机，只能来源于孩子们的内心，而不能靠一味地强制或者奖励。

西方教育家夸美纽斯也曾说过："教育不应该使学生厌恶学习，而应该使学生有一种不可抵挡的吸引力诱导着学习。"而这种不可抵挡的吸引力就是兴趣。让学生真正把学习当成一种乐趣、一种享受，使学生想学、会学、乐学。

基于以上理论和研究成果，结合上万家庭的实践经验，我们建立了"TCW 学习内驱力模型"。这个模型被上万家庭实践有效，而且简单实用，通过三步可以有效激发孩子学习的内驱力。

TCW 学习内驱力模型，分为三步：

第一步：触发孩子学习的动机和兴趣，让孩子自发地"想要学"，即 I try

孩子没有目标感，没有兴趣学习，当然对学习会有抗拒。因此，家长们首先要关注的是，激发孩子们的学习热情和学习注意力，让孩子想去尝试，想去探索新知识和新事物。当孩子在父母充满爱和接纳的引导之下，对一件事有了兴趣，并发现这件事和自己有关联，产生去做的动力，就不再是"爸爸妈妈要我做"，而是"我要做"。

第二步：提升孩子学习的能力，让孩子"能做到"，即 I can

在孩子做事和学习的过程中，父母要及时抓住机会，创造氛围让孩子们有好的心态，同时边做边提升自己的技能和方法，边做边享受自己成长的快乐，这就是一次"成功体验"。一旦孩子们具备了这样的"胜任感"，通过父母的鼓励和引导，会让孩子从"I can"的过程中得到愉悦感和成就感，从而愿意继续努力，挑战更多的成功机会。

第三步：强化孩子的成就感，让孩子"还想学"，即 I will

父母通过本书的技巧来增强孩子的学习信心和满足感，激发孩子的自主需要，让孩子们做出选择和决定，孩子就更愿意重复去做，甚至超越自己，这就是内部驱动力发挥作用的时机，孩子们不再需要父母催促或者监督，将自发自愿地想要达成自己的目标，获得"我能行 I will"的成就感。

当孩子对学习有强烈的自信心和成就感时，会更乐意去深入和持续地学习和探索，通过以上三个步骤，最终将这一正循环持续下去。这样一个正向循环，同时满足了孩子的胜任需求、自主需求和关联需求，让孩子在不断的挑战中去总结自己的学习方法，在做的过程中获得成功体验，然后激励孩子去挑战更大的目标，从而培养出孩子的超强学习内驱力，这就是T（I try）-C（I can）-W（I will）学习内驱力模型。

下面，我们一一分解TCW学习内驱力模型，这一套闭环系统的每一个环节，帮助家长通过21天训练来培养和提升孩子的超强学习内驱力，让孩子们在学习中体验快乐，在快乐中爱上学习，从而"学习上瘾"，成为一名真正的高手。

此外，本书还附赠"21天内驱力训练"打卡的电子模板和超值学习高手时间管理课，扫描右侧二维码即可获得，帮助家长们更快捷、更深入地了解孩子内驱力训练方法。

目录

第 1 章

触发学习的动机和兴趣，
让孩子自主"想要学" – I try

孔子曾说："知之者不如乐之者，乐之者不如好之者。"

兴趣是最好的老师，是学习成功的秘诀。

我们要让孩子们热爱学习，就必须培养他们对知识的学习兴趣，孩子们一旦产生兴趣，就会转化为努力学习、乐于学习，就会在知识的海洋中焕发出生命的活力。

但是大部分父母的困惑是，不知道如何保护孩子的学习兴趣，也不知道如何激发孩子的学习兴趣，是这样吗？本章将针对这一部分内容给出实际操作的方法和沟通话术，切实帮助家长们有效培养孩子的学习兴趣。

1.1 激发学习注意力，让孩子对学习"怦然心动"

只有当孩子们关注到学习，才会开始产生学习的兴趣。

首先让孩子从知觉上能够关注到学习的内容，比如有个刺激给他，让他发现这件事"好玩""有用"；或者让他内心有所触动，这都是在做知觉唤醒。知觉唤醒的下一步才是激发他们的好奇心和探索欲。

所以，想让孩子爱上学习，产生兴趣，父母要做的是，通过想象、游戏或者比赛等方式，让孩子能够参与进来，让孩子们的注意力变得集中。这一步不能偷懒，因为父母对孩子内驱力的初期引导和启蒙，非常重要。

1.1.1 "替换法"：学习就是玩，让孩子对学习充满好奇

在很多家长的心目中，学习是一件严肃的事情，所以，一提到学习，家长的表情就会立马严肃，并告诉孩子："不能玩了，赶紧学习，要认真、专注！"。

这种严肃的表情和态度，也会影响到孩子，让孩子一想到学习，就必须严阵以待，在孩子的"小脑袋"里，就会把学习列为"苦差事"。

父母们想一想，既然是吃苦的事情，孩子们怎么能有兴趣来"玩着学"呢？

一位妈妈来找我咨询，她的女儿才上小学一年级，就表现出对学习的抵触。我深入了解后发现一个小细节，这位妈妈在孩子上学前，为了让孩子"端正学习态度"，就经常对女儿耳提面命地说："上学后就不能疯玩了，必须刻苦学习！"

因为妈妈总是强调刻苦，在女儿的"小脑袋瓜"里就认为，学习就是受苦。既然是受苦，谁还想去自讨苦吃呢？

此时，学习＝不愉快，等于被强制去做的事情。

家长们可能看到这里，恍然大悟，过去自己可没少给孩子灌输"学习是一件吃苦的事情"这样的思想。

如果家长真的想改变孩子对学习的厌恶之情，就要从现在开始，帮助孩子打消对学习的"误解"，让孩子从心底里对学习不再排斥，反而是越来越"爱上学习"，从而自觉自愿地"想要学习"！

为了从根本上解决问题，家长们要尝试用轻松有趣的方式，让孩子的大脑建立起新的回路，那就是"学习＝愉快，开心好玩的事"，让孩子一想到学习，就觉得那是我想要做的事。

学习=吃苦的事情　　　　　　　学习=愉快的事情

具体如何做呢？以下方法，是家长们使用之后，看见惊喜效果的实战方法，请你也用起来吧！

1. 给学习换个名字

那我们看看改变这个"回路"具体怎么做？

小明是个二年级的男孩。一年级的时候，成绩还不错，基本是班级前几名。但是到了二年级，成绩开始下滑，小明的爸爸妈妈急坏了，生怕孩子成绩不行影响升学，于是孩子爸爸妈妈带着孩子来找我咨询。

在咨询中，我发现小明是个活泼可爱的男孩，很有好奇心，尤其对我书架上的航空模型特别喜欢，还说自己也想做个飞行员，并绘声绘色地跟我说他的梦想。这时，妈妈皱着眉头，打断小明说："别说了，还是想想怎么把学习搞好，这才是正事。"听见妈妈的话，本来神采飞扬的小明马上低下了头，脸色也变暗了。

原来，在家里，爸爸妈妈经常催促孩子写作业，挂在嘴边的话就是："今天作业写完了吗？数学题都答对了吗？"小明趁着妈妈不注意，悄悄告诉我，他最不喜欢数学了。

　　我微笑着拿出一套小学二年级的数学题，对小明说："来，我们做一道'售货游戏'的题怎么样？看看你认识钱币吗？"小明马上就答应了，说："好啊。"

　　我将题目的难度和复杂度逐渐加深，同时故作神秘地对小明说："哎呀，越来越好玩了，就是不知道你能不能通关啊。"小明胸脯一挺，痛快地说："没问题！"结果，小明很快就做完了。每做完一道题，孩子就兴奋地说："耶！"

　　从孩子的表情和言语中，我们能感觉到，他在做题过程中收获到了自信和成就感。

　　这是替换法中的一种：换名字的方法，让小明爱上了数学题。

　　做法很简单，就是把数学、物理等需要逻辑思考的题目，称为"游戏"，而把语文、英语、地理和历史这样的科目称为"知识竞赛"，或者"问答小百科"。这样给孩子出题目，孩子就像在玩猜谜或者做竞赛抢答，不知不觉玩得不亦乐乎，既学习了知识，又获得了学习的成就感和快乐。

　　当孩子大脑中因为有趣好玩产生了"猜谜（竞赛）＝有趣好玩，我想做的事情"这样的回路时，那么学习起来就有劲头了，自然就不那么抗拒了。

　　我们过去还有学员家长说，自己的孩子喜欢《三国演义》里面的赵云，于是把最难的作业项目定义为"赵云"。每次孩子完成这项作业，都兴奋得跳起来，说："我打败赵云了！我打败赵云了！"看，这个名字一改，孩子俨然把作业当成了"升级打怪"的游戏了，玩得不亦乐乎。

　　替换法的用法不止这一种。如学习数学的进位加法和退位减法时，有的学员家长就经常采用"谁是口算大王""孙悟空打妖怪"等命名的方法，把枯燥乏味的计算变成丰富多彩的游戏与竞赛，让孩子们变得兴趣浓厚、情绪高涨、反应也快了，在"玩乐"中获取了知识，掌握了技能。

当然，在这个过程中，家长们要完全配合，要带着轻松愉快的情绪"陪"着孩子们玩。家长们的情绪和兴致把孩子们调动起来，这样的"游戏"，才真的会让孩子们开心、有收获。

谁是口算大王？

2. 换个形式学习

如果父母开动脑筋，跟孩子"玩"起来，还可以有很多学习形式的花样呢！

如学习"认识人民币"时，很多孩子都搞不清单位的换算。有位学员家长就在家里临时用帐篷搭建了"售货亭"，带着孩子玩"采购员"的游戏。父母一手拿着物品，一手举着所购买的物品的价格卡，让孩子拿出相应的钱数。这个过程，孩子们不是死记硬背，而是在生活中玩着学，玩得兴趣盎然，学习效果还特别好。现在还有适合孩子们玩的"理财"桌游，同样是让孩子们边玩边练习钱币计算，家长们不妨买来跟孩子们开启不一样的亲子游戏。

有的孩子很不喜欢上科学和历史课。如果父母经常带孩子去科技馆、天文馆、博物馆，用实际体验来让孩子感受科学知识的乐趣，或许会更早激发孩子的学习兴趣。

为了激发孩子对科学课的兴趣，我给孩子买过科学实验小套装，为了达到"逼真"的效果，我还买了"白大褂"，让孩子真的感觉自己就是小小实验员、科学家，在体验中增加了仪式感。

我自己的空间感不是很好，为了培养孩子的空间感，我还购入了"空间对战"积木。这个游戏是让孩子看着平面图形，想象立体空间，用积木摆出相应的立体图形。因为是两人对战，孩子在游戏中培养了很好的空间感，也提升了即时反应、抗压、观摩、思考等能力，这可比干巴巴地看几何书来想象有趣得多，也实用得多。

Tips

给学习项目或者作业换个名字，让孩子觉得有趣好玩，帮孩子在大脑中建立"学习 = 愉快，学习是我想做的事情"，从而吸引孩子的学习注意力。

1.1.2 "榜样法"：用榜样的力量激发孩子学习的兴趣

有不少尖子生谈自己学习经验的时候，会提到爸爸妈妈就是自己学习的榜样，从小看到爸爸妈妈爱学习和努力工作的态度，对自己就是一个激励。

1. 父母言传身教法

同事刘叔家的孩子考上了北大的"图灵班"，大家祝贺之余，都向刘叔请教教育孩子的经验。

刘叔憨厚地笑了笑说："真没有什么特别的经验，如果一定要说，也就是给孩子做了一个好的榜样。"

刘叔是工程师，妻子是小学老师。在孩子小的时候，他俩正处于事业的上升期，没有时间给孩子做辅导，就在家里准备了一张两米长的大桌子。夫妻俩各占一边，孩子在中间。刘叔画工程图，妻子备课，孩子写作业，三个人谁先完成谁就去休息。

就是在这样的家庭熏陶之下，孩子养成了自觉学习的好习惯。

父母是孩子最好的榜样

父母是孩子最好的榜样，爸爸妈妈努力学习工作的样子，是孩子一辈子的榜样力量。

古有孟母三迁，就是为了让孩子有个好的学习环境，因为人们都在无意之中受到身边人的影响。如果在菜市场，孩子一会儿听见吆喝，一会儿被音乐吸引，大多数情况下，确实容易分神分心。但是如果父母带孩子去图书馆，在安静看书的氛围下，一开始摇头晃脑坐不住的孩子，也可能慢慢安静下来，沉浸在书海之中了。

　　我的一位学员家长的女儿专注力不好，经常写作业走神。女儿的班主任建议家长让孩子学习围棋，可以培养孩子的专注力，让孩子坐得住。

　　妈妈带着孩子去听了几节课，刚开始孩子很喜欢，妈妈就报名让孩子系统学习。结果没上几节课，孩子忽然说，不喜欢，不去了。

　　妈妈很着急，一是不希望孩子半途而废，做事总是没耐性；二是不菲的学费已经交了，现在不仅专注力没培养起来，还要承担经济损失。

　　妈妈找到我，我问她："家里有没有人会下围棋。"妈妈说："爸爸倒是会下围棋，但棋艺不精。"

　　我对她说："没关系。建议让爸爸有空时，陪着孩子下几盘围棋，但要掌握一下节奏，有输有赢，让孩子不时地体会到下棋的快乐和挑战。"

　　结果一个星期后，妈妈高兴地告诉我："爸爸陪孩子下了一周围棋，故意输多赢少，孩子赢了爸爸特别高兴，还想好好学习围棋，说是要做常胜将军呢！"

　　在亲子陪伴中，爸爸激发了孩子的围棋兴趣，化解了妈妈的担心。

父母陪伴是兴趣最好的"导火索"

孩子们在童年期，父母的榜样力量是巨大的，孩子们不知不觉地模仿父母。我们经常看到父母热爱阅读，孩子也会拿起书来走入阅读世界。同样，父母对学习的态度也会影响到孩子。

涛涛是个四年级的男孩。孩子妈妈跟我说，孩子在小学低年级成绩不错，经常受到老师的表扬。上了四年级之后，环境变了，课程难度也加大了，孩子有些不适应，渐渐找不到自信，变得不爱上学。

涛涛妈妈很焦虑，问我，怎么能够帮助孩子重新找到自信呢？

我给她支着儿，用自己学习的故事启发孩子，妈妈决定试一试。

某一天，涛涛吃完饭，和妈妈在楼下散步。妈妈走着走着，跟涛涛说起自己小时候的故事。她说："妈妈上中学的时候，因为基础差，跟不上，一度想休学，回家帮姥姥做些农活，也能贴补家用。"涛涛一听，睁大眼睛，说："妈妈，原来你也有不想上学的时候啊。"

妈妈笑了笑，说："是啊，谁都会有信心不足的时候吧。幸好你姥姥给妈妈讲了一个故事，让妈妈醒悟，后来开始努力学习，终于赶上其他同学，再后来还考上了大学。"

涛涛更加好奇了，迫切地问妈妈："妈妈，是什么故事？"

妈妈微笑着，缓缓道来："姥姥说，你看咱家院子的竹子，是不是长得很高？但其实啊，竹子前4年的时间，就只长了三四厘米。什么时候竹子开始猛长呢？在第5年开始，它每天会以30厘米的速度疯狂生长，以后就会长得更快了。"

涛涛听了，若有所思，继续听妈妈讲。

妈妈说："其实，在前4年的时间里，竹子将主要精力放在了基础上，在地下蔓延数百平方米，在背后自己默默努力，默默扎根！人生也是一样的，也需要储备，多少人没熬过那段默默努力的日子啊！然而，就是这段时间，刷下去了多少人，又成就了多少人。熬过去，就有回报了。"

妈妈讲完故事后，微笑地看着涛涛，涛涛也回给妈妈一个会意的微笑。

一周后，涛涛妈妈给我打来电话，说涛涛又重新自信满满地开始学习了，还打印了一张竹园的照片贴在书桌前，用来激励自己。

妈妈说："真想不到，一个故事居然能给孩子这么大的力量！"

真想不到，一个故事居然给孩子这么大的动力！

是啊，父母的言传身教，自己亲自给孩子树立榜样，真的比给孩子讲道理更有用。因为父母与孩子每日朝夕相处，父母的状态能感染孩子。

如果父母经常在孩子面前暴躁、焦虑、抱怨，对工作和生活表现出消极的态度，时间长了，孩子们也会有消极的情绪，畏惧挑战和难题。反之，如果父母在孩子面前的表现是积极的，热爱学习，热爱工作，孩子们从父母言行举止中学习到的也是积极的人生态度，是学习的精神。

所以，建议每个家庭在每周有一个固定的时间，全家人在客厅阅读、学习，营造一个亲子共读或者亲子共学的氛围。这样的习惯，是孩子内心深处最美好的动力源泉，激励孩子去热爱阅读和学习，也会成为孩子长大之后，遇到挫折和困难时内心深处的力量。

2.故事榜样法

除了日常给孩子做出榜样，言传身教外，父母还可以在恰当的时候为孩子讲故事，通过故事的力量来影响孩子。故事带给孩子的启发性，是潜移默化并且影响深远的。

（1）讲名人的故事

爱因斯坦曾经说过，如果想让孩子聪明，就给他讲故事；如果想让他有智慧，就给他讲更多的故事。

在确定了孩子的人生目标后，就需要通过不断的努力去接近这个目标，在这个过程中，必然会遇到各种这样的事情，家长需要和孩子一起，考虑清楚在某个事件中各自扮演的角色以及未来会扮演的角色，不断跟孩子一起明确和目标之间的差距，找到自我定位。

中国企业家雷军，大学期间因被《硅谷之火》一书中的乔布斯的故事吸引，于是他立志以乔布斯为榜样，因此点燃了他的创业热情。

为了这个梦想，雷军更加刻苦学习。最终，他创立了现在的小米公司。据口述资料记录，雷军曾说："1982 年，王川给我一本书，《硅谷之火》。从此，乔布斯给了我一个与众不同的梦想。我要追求的东西就是一个世界级的梦想。"

家长需要协同孩子一起，根据定位确定努力的方向，如果孩子崇拜袁隆平院士，那么就需要向农业大学奋进；如果孩子崇尚医生，那么则需要向医学院奋进。只有准确的定位，才能让孩子以更明确的目标感去做好每一件事，这不仅能让孩子在有限的时间内学到更多自己感兴趣的知识，还能很好地树立孩子正确的价值观。

少年养志，靠的正是榜样的力量

苹果公司联合创始人
乔布斯的励志故事

既然故事意义如此深远，父母不妨在恰当时候，多给孩子讲讲故事，比如袁隆平院士刻苦钻研的故事，比如白衣天使治病救人的故事……被故事"喂养"大的孩子，从故事中获得启发，从而更加热爱生活、热爱生命、热爱学习。

（2）讲寓言故事

寓言故事是孩子成长不可或缺的元素。心理学家魏森贝格认为，孩子从小听故事，是提升思维最简单高效的方法。

相信很多家长小时候读过《阿里巴巴和四十大盗》《阿拉丁神灯》《匹诺曹》等寓言故事。这些美好的故事，充满智慧和哲理，成为我们儿时美好的回忆，也打动过我们的心灵。

寓言故事，不仅向少年儿童灌输真善美，也是孩子们人生的启蒙书。给孩子讲一个有哲理的寓言故事，带给孩子的启迪往往更加深刻，直抵心灵。

比如，《三只小猪》让孩子知道多花一些时间把事情做扎实，和潦草做事相比，关键时刻效果要好得多。我每次给女儿讲这个故事时，她都很受益，并说："我不要做那个应付事儿的小猪。"

故事的力量

Tips

父母以身作则，为孩子树立榜样，让孩子在学习和追求梦想的路上觉得不孤单，这对于孩子来说，非常重要。除了让孩子看见父母的一言一行，从中学习，父母也可以通过讲名人故事、讲寓言故事等，给孩子启发。

1.1.3　梦想实现法：用梦想点燃孩子学习的热情

有一位教育博主说过这样一句话："教育孩子就是播种孩子的未来，从小要帮他种梦想的种子。你教他做的他未必会听，但是梦想会告诉他如何去行动。"

父母一定要从小帮助孩子找到梦想，并引导他们去实现自己的梦想，这将成为孩子爱上学习，在学习中遇到困难也能够坚持的力量。

电影《银河补习班》有一段父子之间的对话。

父亲问儿子："你长大之后想做什么？"

儿子回答说："上清华北大啊，妈妈说的。"

父亲说："清华北大只是过程，不是目的地，人生就像是射箭一样，梦想就像箭靶子，失去了箭靶子，每天重复拉弓的动作又有什么意义？"

确实如这位父亲所说，学习好，考上一所好大学仅仅是孩子人生中的某一站，而不是终点站。

很多父母关心的是孩子听不听话，作业写没写完，学习成绩好不好！父母把孩子送去各种各样的补习班，花大价钱给孩子请一对一辅导老师，却往往忽视了孩子内心真正感兴趣的是什么，孩子的梦想是什么。

林语堂说："梦想无论怎样模糊，总潜伏在咱们心底，使咱们的心境永远得不到宁静，直到这些梦想成为现实。"

当孩子有梦想，知道他要成为什么样的人的时候，他就有了努力的方向；当孩子有梦想，他心中有一个伟大的目标，他的学习就会自动自发；当孩子有梦想，他会觉得自己是有力量的，而且这份力量会一直支撑着他往前走，直到实现梦想。

我的一位朋友，女儿毕业于北京大学，她说自己的女儿从小就梦想成为一位成功的商人。结果，最终她的女儿考进了自己梦想的学校，毕业后先在国外工作两年，后回国创业，现在是年入千万元的商业精英。

但是，现实是，很多孩子并没有自己的梦想。曾经一位有着十几年教学经验的实验班班主任对我说过，作为一名老师，她看到不少孩子，只是浑浑噩噩地虚度每日时光，学习不努力、不认真、不自觉，这些孩子往往是没有什么梦想的。他们不知道未来自己会怎样，可以过上什么样的生活，因而，对当下的学习也不上心，觉得根本无所谓、无意义。

父母在孩子人生中扮演的角色应该是"引路人"，帮助孩子找到自己人生的"箭靶"，让梦想和热爱成为他前行的航标。那么如何帮助孩子们找到自己的梦想呢？

1. 三步帮助孩子找到梦想

（1）写出自己喜欢做的事情或者想成为什么样的人

让孩子写出自己喜欢做的事情和想成为什么样的人，这是帮助孩子找到梦想的一个原型。

（2）为孩子找到榜样

孩子们虽然有了梦想，但还是不够具体，到底做到什么程度，成为怎样的人才算实现梦想呢？这时候，父母不妨引导孩子选择一个榜样，不是让孩子成为那个榜样人物，而是用榜样来影响他当下的言行。因为，榜样的力量是无穷的！

孩子喜欢篮球，那我们就帮他找到自己的偶像，比如姚明，我们可以给他讲姚明成为篮球巨星的成长之路，他要想成为姚明一样的球星需要做什么样的努力，把努力的方向和路径变得清晰化，在跟孩子不断的沟通中去激发孩子的梦想。

还可以问问孩子："为什么想成为那样的人呢？"不要直接给孩子解决问题的答案，而是引导他自己去理清目标，逐步实现自己的梦想。

一位学员家长在我的课程中跟大家分享了自己是如何引导孩子找到自己梦想的。

孩子说："妈妈，我长大的梦想是要当一名工程师。"妈妈鼓励孩子说："这个梦想很好啊！接下来我们应该做些什么才能帮你更快地实现梦想呢？"

孩子一脸茫然，说："我也不知道呀。"于是妈妈启发孩子说："你为什么想当工程师呢？"孩子说："我觉得工程师很厉害，知道的知识很多，能发明创造出新的东西。"

"是的，宝贝，这个想法太棒了！工程师要学习很多知识，而知识丰富是要靠日积月累的，还要有很强的动手能力。那接下来该怎么做你知道了吧？"孩子说："嗯，我知道了，妈妈。"

这样的强化，让孩子明白自己所做的事情是被赋予意义的，给孩子更多实现梦想的理由和好处，那他在实现梦想的路上遇到困难就不会轻易放弃。

（3）在彩纸上画出孩子的梦想

父母引导孩子充分展开想象，让孩子勾勒出自己的梦想，比如画出自己成为榜样那样的人的时候，是怎样的。比如有的孩子想象自己成了像爱迪生一样的发明家，坐在什么样的办公室里，发明了什么样的东西，为社会做出了什么样的贡献等。

想象得越详细越好，越具体生动越好，并让孩子把想出来的画下来，鼓励孩子在全家面前宣布自己的梦想，郑重其事地在彩纸上签上自己的名字。当然，梦想有改变时可以重新画重新写。然后将孩子的梦想蓝图贴在孩子房间最显眼的地方，以不断激励他为梦想而努力。

我是一名宇航员！

2. 如何让孩子的梦想照进现实

（1）提问法

我们可以通过提问的方式，来帮助孩子升级想象，强化梦想；可以和孩子进行一些放松、愉悦的游戏或者谈话，使孩子进入特别状态。

通过下面三个问句来实现：

①你实现梦想后是什么样子？

②你实现梦想后会得到什么好处？

③你通过怎样的方式实现了你的梦想呢？

你实现梦想后是什么样子？
你实现梦想后会得到什么好处？
你通过怎样的方式实现了你的梦想呢？

（2）梦想视觉化

我们强调让孩子画出来，经常去畅想实现自己的梦想，作用是什么呢？

哈佛大学教授通过观察发现，当我们看到某样东西时，大脑中的某些神经元就会被激活；当我们想象同样的东西时，神经元也会被激活。

加州大学曾经做过一项研究：把学生随机分成两组，一组学生不断地想象自己在考试中得到 A；第二组学生也是想象他们得到了 A，不同的是，还要进而想象这个好成绩是通过在图书馆不断学习努力，最后才得到的。

结果，因为第二组想象到了整个过程和结果，因此在实际的考试中获得了更大的成功。

两组学生取得的结果不同，是为什么呢？因为第二组同学的想象更完整，有努力的过程，也有结果，这样最终的结果也更令人满意！

成功的人之所以会成功，是因为他们一直梦想着自己成功的那一

天，不停地想象着自己实现理想时的情形，甚至具体到自己那一刻的心情和表情会是怎样的。为什么要这么做呢？因为，你想象得越多，实现梦想的动力就越强烈。只有心中有了强烈的渴望，你才会去寻觅机会，产生有效行动，从而大大增加成功的概率。所以，你必须设想自己已经拥有了这些东西，这样一个小愿望才会变成一种强烈的渴望，再通过努力，把渴望变为现实。

所以，如果想成功地做一件事，就要仔细地想象过程和结果，这样有助于事情更好地完成。

比如，我在刚开始讲课的时候也会紧张，于是运用了想象的技巧。我会闭上眼睛，想象自己上课的情景，想象应对各种问题，以及自己应付自如的样子。经过想象演练之后，内心自信很多。在真正上课时，我居然真的可以做到从容不迫，课程也受到了家长学员的好评和喜爱。

一位家长学员说，自己女儿的梦想是做一名科学家。于是，在一次聊到孩子梦想的时候，妈妈邀请女儿想象通过努力实现了科学家的梦想的场景。家长说，孩子绘声绘色地跟她讲述，自己穿着怎样的工作服，手里拿着什么，脸上洋溢着怎样的表情，甚至还惟妙惟肖地说着"台词"。母女俩聊得哈哈大笑，开心极了。

女儿眼睛里充满了对未来的憧憬，眼神坚定地对妈妈说："妈妈，我一定要努力学习，成为自己梦想的样子！"

孩子的想象力非常丰富，作为家长，我们在激发孩子的学习兴趣上，可以为孩子的学习插上一对"梦想"的翅膀，让孩子的梦想照进现实。

（3）带着孩子实地考察

孩子们看不到的"好处"，就算父母磨碎嘴皮子，也没有用。比如有的父母经常跟孩子说："你不好好学习，就考不上好的大学，就没有出息……"这些话对于孩子而言，除了感受到自尊被打击之外，并没有实质的帮助。因为，孩子并不知道"有出息"能给自己带来什么好处，从而缺乏实际的动力。

父母如果真的担心孩子不能好好学习，没有学习目标，担心孩子不能考取好的大学，不如带着孩子亲自去大学校园"实地考察"，让孩子看到校园里的哥哥姐姐们是如何认真读书的。让孩子"看见"，才能让孩子体会到"只有好好学习，才能考上好的大学"。

学习的路上，充满各种各样的困难和挫折，对于意志力薄弱的孩子来说，要想始终如一地坚守梦想，是一件很难的事情。这个时候，父母就要利用激发孩子梦想的方式，帮孩子找到坚持下去的理由，增强孩子追求梦想的动力和能量。

最后，孩子在追求梦想的路上，父母要给予孩子爱和陪伴，而不是监督和打压。有父母的支持和陪伴，孩子们将更有力量！

Tips

父母帮助孩子找到梦想，通过激发孩子描述梦想，想象成功后的影像和找到实现后的成就感和满足感，进而利用潜意识的强大力量激发出孩子的潜能。

总之，要想实现孩子天才梦想的通道畅通无障碍，父母就必须做的三件事情：协助孩子找到梦想，激发孩子实现梦想，给予孩子爱和陪伴的能量。

1.1.4　游戏积分法：引导孩子像玩游戏那样爱上学习

我们有些家长对孩子的学习非常焦虑，总是希望孩子少玩一些，恨不得孩子除了吃饭睡觉都在学习才是"乖孩子"，这其实是不对的。儿童玩游戏时，会产生一种特殊的物质，这种物质经过提取后，能帮助神经分叉快速地生长。所以，游戏能促进孩子大脑发育，是大脑成长的营养剂。

孩子游戏的时候，想象力在发挥，而想象力是创造力的根本。父母们大概也发现了，会玩的孩子学习成绩也会比较好。

当然，随着孩子学龄增长、作业增多，孩子们能玩游戏的机会越来越少。

在我女儿上小学之后，为了离学校近一些，也为了让女儿放学后可以和同学们多玩一会儿，我们特意搬到了学校附近。但是却发现，虽然离学校近了，但每天放学回到小区，居然看不到孩子的同学，甚至都看不到同龄的孩子在小区玩耍，孩子们上学之后，玩耍的时间变得少之又少，这一点让我觉得很遗憾。

当孩子们在现实中找不到玩伴玩耍时，就会把目标转向电子游戏世界，在里面寻找同伴和快乐。有些孩子自控力比较差，慢慢地沉迷于电子游戏，于是很多来咨询的家长提出：如何让孩子不再沉迷于电子游戏？

想让孩子对电子游戏有抵抗力，能够有节制地去玩，同时，把更多注意力转向学习，像玩游戏一样爱上学习，其实并非完全做不到。

首先，让我们一起来探究一下游戏为什么会让孩子"上瘾"？

游戏之所以让人上瘾，尤其让孩子们失去自控力，是因为它符合心理学。游戏设计让不少孩子体验到自主感、可控感、价值感和归属感的同时，让孩子感到渴望和快乐。尤其是价值感和归属感，这对一个孩子来说，非常重要。当孩子们在现实生活中不能获得这种感觉时，他们就会到虚拟世界中寻求这种感觉。

具体到电子游戏的规则，大多数游戏都有一种被称作"PBL"的激励机制。P，就是 points，点数；B，就是 badge，徽章；L 就是 leaderboard，排行榜。

举个例子，为什么篮球运动如此吸引人呢？

首先有点数。进球得分，罚球命中得分。有了积分规则，篮球选手们就开始拼命抢球，观众也看得乐此不疲，盯着积分为自己喜欢的球队加油呐喊。

然后是徽章。比如 MVP（most valuable player），象征一个至高无上的荣誉，是 NBA 篮球界最高的荣誉，也是所有篮球队员毕生的追求。

最后是排行榜。NBA 比赛期间，都有世界各地的众多球迷守着直播关注赛事，关注自己国家的球员或者自己喜欢的球队能否冲进排行榜，这就是排行榜的巨大魅力了！

所以，点数、徽章、排行榜，是一项游戏的魅力所在。而游戏也正好借鉴了"PBL"所有的规则，让孩子们玩得欲罢不能。

既然运用激励机制可以让孩子上瘾，为什么我们不能将其借鉴到孩子教育上，让孩子在学习取得上瘾的效果呢？比如，游戏中的可量化，可达成的目标；不确定性带来的惊喜；即时的反馈。

我女儿的英语启蒙，要得益于一款英语教育软件。自从使用了这个 App，她每天跟着练习，英语口语进步飞速。

我很好奇为什么这个 App 如此有魔力，仔细研究发现，它的设计理念恰好应用了 PBL 的激励机制，让孩子学习起来欲罢不能。

一天，我回到家，女儿正在家大声读英语。女儿看见我走过去，手舞足蹈地说："妈妈，你看我这次又得了 100 分！"原来，在孩子读英语的时候，App 系统能够对孩子说的每个单词、每个句子智能识别发音，给孩子打分，这让孩子学（玩）得兴趣盎然。一课学完，达到分数级别，还会得到相应的徽章。女儿兴奋地指着排行榜给我看，说："妈妈，你看，我现在排名第一呢！"我仔细一看，还真是，系统根据孩子的学习效果，与众多在线学习的小朋友一起 pk，一起排名，难怪女儿学得这么带劲。

总结一下，PBL 机制在这个 App 中的妙用：

● 可量化，可达成的目标：在孩子学习中，以积分为目标，可量化，可达成。

● 不确定性带来的惊喜：与同阶段孩子一起排名，增加他们惊喜和挑战的成就感。

● 即时的反馈：在每节课的学习中，孩子不断得到即时的正向反馈，无论是分数、徽章还是排名，让孩子的学习动力满满。

借鉴游戏和这个 App 的玩法，我们不妨把学到的经验应用于孩子的日常学习中，即"学习游戏化"，具体如何做到呢？我们一起来看看。

1. 可量化可达成的目标

在游戏的机制里，每个等级是阶梯制的，通过练习和努力，就可以一步步升级，这些对孩子来说，非常有吸引力。

向游戏学习，我们在家庭教育中，增加阶梯关卡、积分和排名制度，给学习生活增添乐趣和挑战性，也能在某种程度上大大激发孩子的学习兴趣和挑战欲望。

但是，如果忽视了孩子本身的自主性，而仅仅靠外部刺激，也会舍本逐末，游戏化的效果也不会长久。孩子们刚开始可能兴趣盎然，积极配合，但是过了热乎劲儿，就不那么热衷于获得积分和名次了。那么，如何让游戏化在家庭教育中取得长久的效果呢？

首先，在游戏中充分尊重孩子的自主性，制定规则时要邀请孩子一起制定。比如积分奖励机制，让孩子决定获得积分的规则和方法，能大大增加孩子的自我能动性，让孩子们为自己制定的规则负责。

其次，孩子特别喜欢做的事情千万不要进行积分奖励。比如孩子特别喜欢运动，不让他去做，他就会觉得不开心，这时就不需要再给他积分奖励了。因为，外在动机反而会削弱孩子的内在动机，会让孩子对运动的兴趣减弱。

最后，在开始兴趣培养阶段，只在孩子做得好的时候给孩子积分奖励和鼓励，而不做惩罚。后面的章节，我们将详细介绍惩罚带来的后果，这点非常重要。

天天的妈妈一直为孩子写作业拖沓头疼，每天催促孩子写作业几乎成了她的必修课。在学习了"积分游戏"之后，妈妈改变了策略。妈妈问孩子，想不想玩一个积分游戏。天天一听是游戏，马上就来了兴趣，痛快答应了。

妈妈和天天约定，每次写作业要定闹钟，时间限定在60分钟。如果在闹钟铃响之前按要求完成作业，节省出的时间，就在天天的积分册上记录为"游戏积分"，可以用这个积分兑换游戏时间。比如，天天如果在40分钟内保质保量地写完作业，那么就有20分钟的积分兑换成游戏时间。

　　孩子觉得很新奇，问妈妈："我作业提前多长时间完成，真的就能得到相应的游戏时间吗？"妈妈肯定地点点头："是的，如果你能保证作业质量，并且自己检查和纠错，就算合格，多余的时间都记录成你的游戏积分。"

　　当天，天天认认真真地完成了作业，妈妈检查后满心欢喜。

　　这个方法初见成效之后，妈妈让孩子自己做了"游戏积分"的使用计划。比如作业完成后怎么选择游戏和分配游戏时间，时间到了是自己自觉停下来还是需要妈妈来提醒……这些规则明确了之后，孩子的作业基本就不用妈妈催了，以往拖拖拉拉的孩子，逐渐学会了安排自己的时间和事情。

　　后来，妈妈和天天又把积分计划做了升级，除了写作业外，在生活习惯方面也做了积分计划。但此时的天天，已经能跟妈妈配合，母女商量不再把积分时间用于玩游戏，而是制作一个"梦想清单"，每个项目设置了对应积分，比如天天能主动做事（刷牙、收拾房间），或者能主动帮父母处理家务（刷碗、拖地）等，就能换积分。这个清单，大大提升了天天在生活方面的自我管理能力。天天的学习习惯、思维方式也都有改善，学习成绩大大提高了。

心理学上有个结论：没有内在动机的事情，长期坚持做，就有可能喜欢上，或者叫产生内在动机。比如跑步，有些人一开始并不喜欢跑步，如果养成习惯，某天不跑步会感觉不自在，这就是"习惯成自然"。

在习惯养成的过程中，让孩子先产生兴趣，了解规则和规矩，在一段时间内刻意练习，从而形成习惯。

所以，父母和孩子共同约定，制定"积分游戏"的规则，让孩子在"游戏"里扮演主角，为自己的决定负责，在玩中找到学习的乐趣。一段时间之后，当孩子看到自己在某些方面越来越好，得到父母的鼓励和认可，自己也尝到了"甜头"，就更愿意实施下去了。

2. 不确定性带来的惊喜

利用不确定性这个因素，给孩子的学习中加点"料"，让孩子们常常有意外惊喜和不确定的奖励，从而激发玩（学）的乐趣。

有位家长跟我说："是呀，我曾经玩过某款游戏。在没玩之前，我看到别人坐在那里一玩就是一个通宵，想想都无聊。但是当自己坐在电脑前尝试着玩之后，竟然玩了一整天，连上洗手间的时间都怕浪费了。"

试想一下，假如游戏的积分机制不是随机的，而是有固定的规律，估计也不会有这么多人欲罢不能了。

还有很多人对彩票痴迷，也是一个原理：不确定性带来的心理上的期待和刺激。

如何把不确定性这个因素与孩子的学习结合呢？可以尝试掷骰子的游戏，比如不要在孩子每次按时做完作业、达到一定的准确率就奖励某样东西，而是通过骰子，让孩子充分参与期中，骰子的每一面代表不同的物品，孩子掷到哪面就奖励哪面的物品。

或者，利用不确定性因素，设计"彩票游戏"来让孩子自觉完成作业。

第一步，制作"彩票"。

跟孩子协商，根据作业的数量，将每一项作业都各制作一张"彩票"，额外制作 2~3 个"休息时间 5 分钟"的彩票。

第二步，让孩子进行"彩票抽奖"。

让孩子保证抽到作业和 5 分钟休息的彩票。

第三步，按照"中奖"顺序完成作业。

根据孩子中奖的顺序，让孩子依次完成。

孩子在玩的过程中，通过"抽奖"和"中奖"，获得了期待和惊喜。这种游戏化地安排作业，让很多孩子玩得不亦乐乎。

3. 即时反馈带来的强化

游戏给孩子的反馈无论是声音还是画面，都是即时的，奖励和荣誉也是即时的、快捷的。当孩子的行为受到赞赏和鼓励时，他的大脑中就会得到即时的反馈，了解到"原来这样做是有好处的"，这就是一种积极强化。

比如，训练师训练海豚时，当海豚跃出水面，做出表演动作时，训练师就会吹响口哨，并给它一条鱼作为奖励；为了得到奖赏吃到鱼，海豚便会不时地跳出水面，做出表演动作。这样次数多了以后，海豚的脑神经便会在"跳出水面"和"有鱼吃"之间建立联系。这就是在得到即时反馈后强化的结果。

即时反馈的强化作用

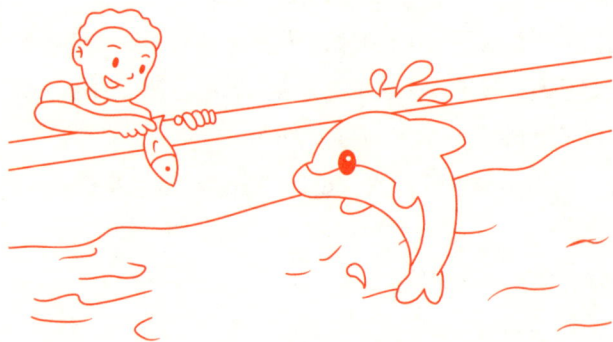

回到孩子的学习上，我们给到孩子更多的反馈是什么呢？更多的是——"你要好好学习，等将来考上了好大学，就会有好工作，就会有好的人生。"这样的反馈，孩子似乎无感。为什么？因为这个反馈带来的"好处"太遥远，孩子看不到，摸不着，也不够"刺激"。

所以，我们要给的反馈一定是即时的、正面的，即在当下孩子能看得见，感受得到自己的进步和效果的。

比如，孩子在写作业时我们可以给到的即时反馈可以是什么呢？

——宝贝，妈妈看到你在认真地写作业，都没听到妈妈推门进来，你一定觉得这样学习很开心吧？（鼓励孩子专注写作业）

——宝贝，你今天的字写得很工整，每一个字都像站姿标准的士兵一样帅气，你自己一定也特别骄傲，是吗？（鼓励孩子写字工整）

我们要学会在孩子学习的过程中，找到孩子正向的做得好的行为，给予即时的反馈。

Tips

　　用游戏化，量化孩子所有的学习习惯和生活习惯，跟孩子一起制定游戏规则，通过衡量、打分，让孩子学习像打游戏一样，每天看见自己的进步和升级，让孩子产生归属感、价值感、使命感。

1.2 让孩子感到学习的价值，自觉想要学习

父母期待孩子好好学习，是因为父母们领悟到了学习的重要性，看到了培养好的学习习惯对于一个孩子一生的重要性。

但是对于孩子们来说，却很难感同身受，很难能体会到父母的这层深意。因此，即便父母整天在耳边唠叨"你必须努力学习"，但效果却并不尽如人意。

要想让孩子真正认识到学习对自己的价值，父母就要了解孩子的心理，并通过"四大价值"法帮助孩子发掘学习的意义和重要性。

1.2.1 外在价值法：三种外在动力，哪种推动最有效

有的父母为了让孩子好好学习，会给孩子承诺，只要学习好，好玩的好吃的随便挑。有的父母在孩子不好好学习的时候，会采取批评指责，或者剥夺孩子一些权利（比如不许看电视，不许玩游戏）来惩罚孩子，督促孩子好好学习。还有的父母通过夸奖和赞美来鼓励孩子学习。

这些都是外在价值，即通过外部力量的推进，促进孩子学习。下面我们来分析一下不同的外在价值带给孩子的影响，哪一种最及时有效。

1. 物质或者报酬奖励

在教育孩子时，奖励式教育成了一种快速而有效的教育方式，尤其是所谓的物质奖励。

家长对孩子进行奖励，是想对孩子的表现给予肯定。比如，有的家长告诉孩子，好好吃饭就会得到礼物，或者孩子帮忙做些家务如拖地、打扫卫生就会得到礼物，还有的家长更是通过给孩子买手机、电脑之类的电子产品，作为孩子好好写作业取得好名次的奖励。

殊不知，这种奖励式教育只能在短期内有效，若长期使用则不利于孩子的身心健康。如果持续以物质作为奖励手段，一些弊端就会显现出来：一方面，孩子对已有的东西不知珍惜，养成浪费奢侈的习气；另一方面，当得不到想要的东西时，不管是否合理，都拼命地追求，不加节制。

后果：当把奖励与孩子的学习联系起来后，会分散孩子对学习内容本身的注意力，让孩子变得只是为了赢得报酬和奖品而学习，从而减弱孩子自主学习的动机和挑战欲。

正确的做法是，我们要让孩子为自己学，让他在学习中找到乐趣，从而推动自己的学习，而不是取得额外的奖励。对于物质奖励，家长们要适度使用，可结合以下技巧，让物质奖励成为孩子学习兴趣的"锦上添花"，而不是必需品。

（1）制造"意外惊喜"

父母应抓住适当的奖励时机，避免奖励过于频繁，让孩子形成依赖心理。奖励在不经意处，让孩子有意外惊喜，从而更愿意努力。让我们来看下面的故事。

学员家长小美妈妈给我讲了最近小美的变化。

小美平时很喜欢自己的毛绒玩具熊猫，但却很少主动给玩具"洗澡"，也不让妈妈洗。一个周末，妈妈忽然看到小美自己洗了玩具熊猫，妈妈冲着小美竖起了大拇指，夸小美爱惜自己的玩具熊猫，同时告诉小美，要送给她一个新的芭比娃娃家装套装来给熊猫一个"新家"。小美高兴地跳起来，告诉妈妈，这个礼物太意外了，以后会好好爱惜自己的玩具熊猫。

在孩子做得对的时候，或者在孩子做新的尝试时，父母把奖励作为一个入口，让孩子对这件事产生兴趣，这种奖励就很有意义。偶然的"意外惊喜"，也会让奖励留在孩子的记忆深处。

（2）避免直接的金钱奖励

不要简单地用金钱来奖励，在奖励形式上可以丰富多彩。

比如：父母满意的目光、会心的微笑、会意的点头、轻轻的抚摸、热烈的拥抱等，都能让孩子感受到自己行为得到赞同；父母可以用简单的语言，如"真棒""好""真勇敢""好孩子"，让孩子通过父母热情肯定的语言获得鼓励的力量；除此之外，父母也可以通过亲子活动给孩子进行奖赏和鼓励，比如带孩子看电影、逛公园、踏青等孩子喜欢的活动。

奇奇的爱好是下棋，爸爸跟奇奇约定，如果平时的作业都可以在晚上九点前高效完成，周末就好好陪奇奇大战几个回合。奇奇为了这个约定每天写作业都很认真，并不忘在打卡本上做好记录，同时喃喃自语："哈，作业都完成了，周末要跟爸爸战几个回合！"

用亲子活动作为对孩子的鼓励，也是一种激励，让孩子享受亲子美好时光的同时，慢慢养成自律的好习惯。不知不觉地，学习兴趣也越来越浓厚。

（3）奖励孩子的"行为"，而不是"结果"

当父母在对孩子进行奖励时，需要明确告诉孩子，奖励的是孩子好的行为和努力的过程，而不单是结果。

比如：当孩子的成绩取得进步时，正确的做法是告诉孩子："你每天认真完成作业，学习很努力，进步也很大，这就是自律。爸爸妈妈很高兴，也很认可你，所以给予你奖励。"

这样做，是对孩子自身能力的肯定，孩子会因为获得了赞誉而更加努力。这就像比赛中制定的荣誉奖杯或奖品，是对个人努力和水平的一种认可。

（4）奖励是发自内心的，而非作为条件

父母应发自内心地赞美孩子，而不是以此作为条件，对孩子说："你如果把这件事做好，我就会给你买礼物，给你奖赏。"

让我们通过下图来细心体会一下"有条件的奖励"和发自内心"无条件的爱"有什么区别：

发自内心的欣赏和爱，会让孩子真切感受到父母对他们的关注和爱，这样的爱，才会在孩子内心产生行动和改变的动力。

2. 惩罚和批评

家长们普遍认为：奖励具有正强化作用，可以强化孩子的良好行为；惩罚则相反，可以抑制或减少不良行为。

但实际上，惩罚无论是体罚还是严厉的批评，孩子们都不喜欢。有些孩子面对父母的惩罚会产生恐惧心理，最终会削弱自身行动的积极性；有些孩子会产生厌恶情绪，从而影响亲子关系。

美国育儿作家艾尔菲·科恩认为，惩罚再怎么小心翼翼都会产生副作用，而且不会带来理想的效果，最好是不用为好。

在孩子学习的时候，如果家长经常批评孩子，会产生什么样的后果呢？首当其冲的，是会让孩子在学习中感受到"伤害"，体会到压力。有些孩子告诉我，每当一打开书本，自己就像条件反射一样，感到厌烦，进而对学习产生厌恶情绪。常年处于压力的学习环境下，只会让孩子经常内心紧张，抑制孩子大脑皮层发展，最后孩子就无法在学习上形成永久性的专注力。

有的家长会说："如果我不惩罚他，他就不长记性！"还有的家长说："说了多少次了，都改不掉，我也很苦恼。"其实，与惩罚孩子的错误或者不当行为相比，家长有更好的选择。比如，发展心理学家伊丽莎白·格肖夫就指出，强化孩子好的表现永远比惩罚不良行为的效果要好得多。

很多家长很困惑，为什么自己说了那么多遍，孩子也不改？问题根源就在于此，与其对孩子讥讽、指责、批评，让孩子内心逆反或者变得不自信，不如减少责罚孩子，看到孩子更多的进步，鼓励孩子，多给孩子一些选择权，适当地放手，让孩子可以按照自己的节奏去学习。

3. 夸奖和赞美

很多家长表示，鼓励和肯定孩子他们都会。在生活中我们也经常和孩子说"你很棒""你很优秀"，可孩子的价值感就是不高，这是为什么呢？

我们作为家长，要有一双慧眼，善于去发现孩子身上的亮点，在恰当的时机给予恰当的表扬。

表扬孩子要看到孩子的精神内核，而不是浮于表面的一句"你很棒"，对孩子的表扬要具体化，越具体越好。比如，孩子拖了家里的地板，我们可以说："谢谢你，宝贝。你把地板拖得很干净，比妈妈拖得还要干净呢！你是怎么做到的？"

再比如，孩子见到认识的人主动打了招呼，我们可以说："呀，你更懂礼貌了呢，看到阿姨都主动打招呼了。"这样的表扬可以让孩子感受到父母对自己的肯定，同时感受到自己正在做的事情是有价值的。

在日常生活中，家长们请不要吝啬自己的表扬，多给予孩子鼓励和赞扬，从孩子起床那一刻起，就让他们感受到你们的"爱"，比如夸赞他们"你今天没有赖床哦，真棒！"。

这里建议父母可以准备一个小本，每天记录孩子的三个优点，每天晚上睡觉前念给孩子听，这样不仅可以增进与孩子的亲子关系，同时也能让孩子善于发现自己的优点，认可自己，找到自己的价值感。

我经常在孩子睡前，跟她聊聊一天的感受和体会，并会指出她的三个优点。孩子很享受这个过程，在听到自己做得好的地方时，都会很认真听完，有时孩子会说："妈妈，我知道了，下次我还能做得更好！"然后，带着满足的心情甜甜地入睡。

Tips

物质或者报酬奖励在习惯养成初期，确实有一定的激励作用，而且见效快。但是外在价值的激励只是短暂的，如果可以配合其他的激励方法同时使用，慢慢淡化外在价值，则效果会持久得多。批评和惩罚会引起负向强化效果，建议少用。另外，鼓励和赞扬孩子，要尽量具体化。

1.2.2　内在价值法：满足孩子价值感和归属感，为自己而学

曾经有一档电视节目，主持人在街头随机采访了几个孩子，问："你为什么要学习？"这个问题，孩子们的回答有：为了考试得好成绩，为了老师和爸爸妈妈的表扬，为了让同学们都觉得我厉害，还有的孩子是为了考上好的高中和大学……

却没有一个孩子回答：为自己而学。因为喜欢科学 / 喜欢数学 / 为了实现自己的理想……

好像这些孩子们学习，都只是为了不被老师训斥，为了不被家长"修理"，而不是为了自己的喜欢和爱好，为了自己能得到进步。所以孩子们学习起来，总是有被动的、懒惰的、拖拉的，甚至有些不负责任的行为。

大部分孩子，就算能够完成学习任务，却总是表现得不情不愿，作业写完就万事大吉，想要让他多学些内容，学得认真一点，为学习效果负责一点，几乎不太可能，大多是为了应付差事。

所以，家长们都在困惑：怎么才能让孩子们明白学习的价值，让他

们为自己而学。

1.孩子的需求到底是什么

根据马斯洛的需求层次模型，人类有五大层次的需求，依次是生理需求、安全需求、爱与归属的需求、尊重与肯定的需求、自我实现的需求。如果满足了底层需求，则会开始追求上一个层次的需求。

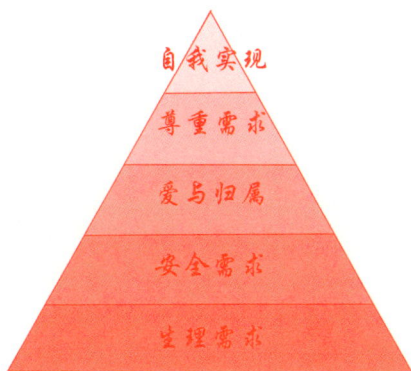

对于当今的大部分孩子来说，生理需求和安全需求早已被大大地满足了，所以，按照需求的顺序，孩子们现阶段的需求，就是爱与归属的需求，或者被尊重被肯定的需求。

这样一来，父母们就不难理解为什么孩子们普遍为了让父母开心骄傲，为了让老师表扬赞赏，为了在班集体中更有地位而学习了，因为孩子们觉得这些是与"爱与归属"或者"尊重与肯定"紧密联系的。对他们来说，理想太遥远，未来太遥远，更好的生活似乎诱惑也不大，只有来自亲人、师长和朋友的爱与肯定是真真切切、踏踏实实的。

如果来问问孩子们，他们怎么看待"学习是自己的事情"这件事，孩子们其实是很委屈的，因为学习未必是他们喜欢的事，不喜欢还要去坚持做，本质是因为孩子们爱爸爸妈妈，想要取悦爸爸妈妈，所以他们会期待得到父母的鼓励和支持，希望父母看到自己的努力，这样他们才会有动力去更加努力。然而，父母却恰恰忘了这一点，往往做的是对孩子挑毛病发脾气，孩子当然会心灰意冷，对学习不那么上心了。

只有让孩子们感受到他们内心真正想要的，并得到了满足，孩子们才会"爱上"学习。反之，如果孩子的努力总是得不到爱和鼓励，得不到肯定和认可，得不到集体归属感，孩子的心理需要无法得到满足，时间长了，自然不想努力，得过且过了。

孩子的很多不当的行为就是想获得归属感和价值感，只是不懂得该怎样以一种恰当、有效的方式向父母表达而已。

著名的心理学家阿德勒先生提出：人们的所有行为都是在追求价值感与归属感。

价值感，是指个体觉得自己的才能和人格受到社会重视，在团体中享有一定地位和声誉，并有良好的社会评价时所产生的积极情感体验。

简单来说，一个人如果感觉自己的价值感比较高，通常会表现出自信、自尊和自强；反之，一个人如果感觉自己的价值感比较低，那么他会认为自己没有用，做什么都做不好，从而容易产生自卑感，自暴自弃。

孩子认为这件事我能做到，学习起来一定动力满满；当孩子对能否完成学习任务持不确定甚至是否定的态度时，那"好好学习，好好写作业"的目标就很可能无法实现。

2. 满足价值感和归属感，正确激励孩子

家庭是最早也是最重要的给孩子建立价值感和归属感的环境。在孩子的成长过程中，父母和家庭成员对孩子的肯定、陪伴和爱让孩子有了归属感。父母在这个过程中给予孩子耐心的指导和示范，让孩子在成长中有探索和试错的机会，给孩子的生命力带来最棒的激励。

家长该如何满足孩子的价值感和归属感，正确激励孩子学习呢？

我们成人在工作中，如果被领导重视、被同事称赞，自己的工作状态是不是就会特别好，效率也会特别高呢？同样，如果我们经常夸奖和鼓励孩子学习过程中的动机和行为，例如有好奇心、行动快速、写字认真、有创造力、善于坚持……，那孩子也将在这样的家庭氛围中逐渐建立比较高的价值感，越做越好。

具体怎么做呢？

比如，孩子这次的数学成绩比上次进步了 10 分，我们可以这样对孩子说："宝贝你这次的成绩比上次足足进步了 10 分呢！妈妈觉得你真是太棒了，你觉得自己棒不棒？"

多半情况下，如果家长这样引导的话，孩子会说："是的，妈妈，我很棒。下次我会继续努力的。"

长此以往，孩子在一次次的确认、鼓励下，自我价值感变得越来越强，直至成为一个自信、勇敢的人。

如果孩子感觉父母是支持我、肯定我的，他会认为："就算我写错了，妈妈也不会批评我，而是会再给我机会，告诉我该怎么做""妈妈很支持我学习，还会告诉我怎样可以做得更好"，那么孩子的动力就会增强。

如果孩子感觉父母对自己不满意，批评指责自己，他会认为："我总是被批评，爸爸妈妈好像不喜欢我""我学得怎么样，妈妈似乎并不在意""无论我多么努力，也达不到妈妈满意的程度"，这种感觉可能会削弱孩子对成功预期的判断，进而削弱孩子的动机。

如果孩子认为自己不够好，连自己的父母都不接纳自己，往往会丧失探索和创新的兴趣。这时，孩子就会讨厌学习，转而会去做那些可以给他们带来所谓的高价值的行为，比如吸烟、打架、玩游戏等，通过这种行为，他们认为自己"与众不同"，重新获得了自我价值。

1.2.3　关系价值法：潜移默化的影响，激励孩子学习的斗志

　　父母们一定也发现了，孩子们学习的动力，有时候来自父母的影响，来自老师的影响，来自同伴的影响。孩子身边的各种"关系"都在潜移默化地对他们产生着巨大的影响。

　　我的一位老师跟我讲过他的故事。他出生在农村，小学一二年级几乎没上，就是漫山遍野地疯玩。后来觉得同伴们都去上学了，自己也没有玩的乐趣了，就去了学校。一开始，因为落下了功课，听不懂，对学习并没有多大兴趣。

　　后来，他的班主任换成一位年轻的女老师，扎着长辫子。班主任非常喜欢他，觉得这个男孩长得白净且很可爱，就常鼓励他好好学习，上课也爱提问他。慢慢地，他竟然发现自己的成绩提高了很多。后来，他被选为模范榜样，去校广播室给大家介绍自己的学习经验。他说，当自己的声音传遍校园的时候，内心激动极了，发誓自己以后一定要好好学习！

这位老师毕生都很感谢他的这位班主任，他说："如果不是班主任的偏爱，我大概现在还在农村面朝黄土背朝天呢！"

在儿童人格发展社会化的过程中，人们一向认为家庭和父母的作用至关重要，甚至很多心理学家、社会学家认为父母是儿童生活环境中最重要的部分，父母在很大程度上决定了儿童会成为什么样的人。另外，孩子身边的关系，比如师生关系、同伴关系，也对孩子社会化进程，产生重大影响。

我通过对 50 多组家庭长达 7 个月的跟踪研究发现，如果孩子所在的家庭氛围和谐，父母以身作则，孩子对学习的热情会更高；如果孩子的同伴关系学习氛围浓厚，也能在很大程度上激励孩子的挑战欲望、竞争意识。良性的竞争，将促进孩子们的学习动力。

1. 父母以身作则，建立浓厚的家庭学习氛围

家庭是孩子最亲切的生长环境，父母是孩子的第一任老师。父母要求孩子做到的事情，父母首先要从自身做起，这才是真正的言传身教。

一位朋友向我咨询，她的孩子不听话，贪玩，不爱学习，上课爱溜号走神，回家不做作业，学习成绩也让她很焦虑，问我有没有解决办法。

我细细了解了情况，发现一个问题：她想让孩子变得优秀，但从未给孩子树立榜样，让孩子知道什么才是"优秀"。

比如，她想让孩子读书，可她自己一年下来却几乎没读过几本书。如果父母自己都觉得读书是件麻烦的事，又如何影响孩子呢？

父母的言谈举止是孩子的模仿范本。有些父母教育孩子时最经常的做法是"按照我所说的去做，而不要按照我所做的去做"，这时，孩子内心在嘀咕："与其叫我按照你们说的去做，不如你们自己做一次，然后我便会照着做。"孩子本是一张白纸，思维行为都会跟着父母学习，接受潜移默化的改变，好的不好的，孩子都会在无形之中全盘接受。

还是那句话：言传身教才是最好的家庭教育方式。

想让自己的孩子优秀，最应该改变的是父母自己。父母的见识以及思考方式在不断地完善进步后，才可以让自己的孩子去受益。

我有位朋友，她和她丈夫二人都很重视对孩子的教育。她的女儿还在上幼儿园的时候，家里就立下了一条规矩：每天吃完晚饭后，全家都要安静地学习一个小时，可以阅读，可以做功课，内容必须是有助于自身成长的。立好规矩之后，每天吃完饭，爸爸都会主动地关掉电视，拿出报纸或书籍看，妈妈也拿出育儿书阅读，孩子则拿出自己的书也坐下来一起读。

朋友说："孩子的模仿能力是非常强的，如果父母喜欢阅读，那势必会影响到孩子；如果父母根本不喜欢读书，那么想让孩子喜欢上，难度也会变得很大。所以，我们要以身作则，给孩子们做一个热爱读书的好榜样。"

在这样的熏陶下，她的女儿不仅养成了爱阅读的习惯，而且写作业非常自觉。这样的家庭环境，真的是非常好。

言传身教

　　如果父母爱学习，注重个人成长，那么家庭学习气氛就会变得浓厚，孩子也会不自觉地养成爱学习的好习惯，甚至，父母不需要过多地讲道理，教育的目的就轻松达到了。

　　父母为孩子树立勤奋好学的榜样，不是一蹴而就的事情，要持之以恒。父母在生活中也不是对所有行为都具有完全的自制力，也需要别人的监督和鼓励。这时，家庭成员之间不妨建立通用规则，互相监督，共同进步，把父母变成孩子的"同伴"一起学习、成长。比如，妈妈想要减肥，爸爸想要锻炼身体，孩子要建立阅读计划，全员开展一场"家庭挑战赛"，全家一起养成好习惯！

　　另外，孩子需要一个学习的氛围，这个氛围是需要我们花心思、下决心去为孩子创造的。比如，在环境的设置上，父母要学会观察：孩子的房间东西是不是摆放很乱，尤其书桌上的玩具、漫画书堆成山，这些都会干扰孩子的注意力，让孩子学习的时候分神；孩子写作业的时候，家里环境是否嘈杂，比如家人都在看电视、打麻将；或者家里有多个孩子，孩子们之间互相打闹、互相干扰……

　　最后，家庭里要营造比较民主平等的氛围，即家长和孩子不是上下级的关系，不能老是压制孩子，而应采取讨论式的、启发式的谈话方式。

我们会观察到，父母平时谦逊民主时，往往培养出来的孩子是阳光自信的，热爱自己的生命，为自己负责，也更容易养成自律的好习惯，学习上也更容易取得好成绩。

2. 为孩子找到有积极氛围的同伴关系

孩子们在长大的过程中，逐渐培养他们的社会属性日趋重要。父母应鼓励孩子找到一个学习榜样，比如孩子的同学或者玩伴。因为他们的年龄相仿，彼此间很容易形成"你追我赶"的学习氛围。

古有"近朱者赤，近墨者黑"的典故，这个典故说明同伴的影响是深远的。

同伴的作用对孩子产生的积极影响，一方面来自同伴的压力，这在童年时期尤其有效。比如有位幼儿园老师就发现，挑食的孩子对某些食物有抵触时，最好的办法就是将这个孩子放在一桌喜欢吃这种食物的孩子当中。过不了多久，这个孩子竟然可以吃一点原来根本不肯碰的食物了。另一方面来自发挥同伴群体的作用，比如，让孩子参加夏令营或冬令营，跟同龄人一起劳动、学习一段时间，孩子回家后，父母发现孩子变得自立很多，自理能力也提升了。

试想一下，如果孩子周围的朋友都不在乎成绩，每日玩耍，只有你的孩子一个人在学习、在努力，他难免会有抱怨："为什么我的朋友都不用学习，只有我每天要学习呢？"

如果孩子周围的朋友和同学都有努力学习的目标，是不是自己的孩子也会不知不觉地融入其中，变得积极好学了呢？

所以，父母为孩子找到一个或几个爱学习的朋友，也是为孩子寻找学习动机的机会。比如父母辅导孩子写作业，往往既花费时间又容易动怒，经常搞得家里鸡飞狗跳，如果尝试让多个孩子组成学习小组，由各自父母轮流辅导或孩子们互帮互助完成，那么孩子学习的动力也会大大增强吧。

我的女儿在7岁时，开始接触四大名著。但是她只爱看《西游记》，对《水浒传》和《三国演义》却完全不感兴趣。

五一劳动节那天，我们约了女儿的好朋友及家人去度假。她的好朋友是一个同龄的小男孩，叫洋洋。

当他们聊到《西游记》的时候，女儿特别兴奋，但是当洋洋说："我最喜欢《三国演义》，已经看了三遍了。"女儿明显就沉默了。

那次旅行回来，我发现女儿开始看《三国演义》了。我问她："你是想下次见到洋洋时，可以跟他一起聊这个内容吗？"

女儿说："是的，而且，我希望我比他懂得多。"

在为孩子找同伴"pk"的时候，家长要牢记两点：

（1）引导孩子比较的是学习方法和态度，而不仅仅看结果

父母千万不要简单粗暴地拿孩子去做比较。比如，有的父母故意讥讽孩子，说："你看看你班的××，学习成绩比你好多了，你就不能长点心？"或者说："别人家的孩子怎么那么聪明？人家第一名，你呢？"这样的言辞，会让孩子慢慢形成"我比别人笨"的心理定势，甚至产生"妈妈喜欢别人"的抵触情绪。同时，会严重挫伤孩子的自尊心，并且

让孩子误解学习成绩是衡量"好孩子"和"坏孩子"的标准。

我在咨询中，接触了大量有厌学情绪的孩子，在与他们沟通的过程中，我发现这些孩子无一例外的，有深深的自我否定感，极其不自信，他们中大多数人认为"父母的爱是有条件的，我不够好、我不优秀，就不配得到他们的爱"。造成这种想法的主要原因是，父母在养育孩子的过程中，因为没有注意到保护孩子的自我价值感而导致的。

然而，这些孩子的父母有的却想不通，自己只不过是想用榜样的力量激励自己的孩子，哪曾想那些"激励"的话都变成了"刀子"。

其实，这样的父母，在他们小时候，也往往有着同样的经历。

在一次咨询中，一位妈妈分享了她的故事。她在一次考试中，考了 99 分。她满心欢喜地拿着成绩单回家，满以为会得到父母的夸奖。谁知道，妈妈先看见成绩单后，撇了撇嘴说："你看你，怎么还丢了 1 分呢？如果你再细心一点，不就可以拿满分了吗？"爸爸下班回家后，看到成绩单，顿时变了脸色，说："你是不是以为自己考得很好？我告诉你，我同事的闺女在你这个年纪，每次考试都是满分！还得继续努力。"

这位妈妈说到这里的时候，已经泣不成声。可以看出，虽然她现在已经成年，但父母当时对她的否定，像针扎一样，深深刺痛她的心，而且，这个伤口从未愈合。

遗憾的是，当这位妈妈有了自己的孩子之后，却也在不自觉地沿用父母的教养方式，重复着这种"否定式教育"，会不由自主地拿自己的孩子与别人的孩子作对比，让孩子去学习"别人家的孩子"。甚至还理直气壮，说："我这都是为了让你好啊！"

作为父母，应该怎么做呢？

正确的做法是，引导孩子去关注别人学习的方法和过程。父母可以说："这次 ×× 的考试成绩不错，平时学习一定有方法，不如我们向他请教一下。"孩子可能说："是的，他平时都会预习功课。"妈妈趁机引导孩子，说："哦，是这样啊，预习功课，就可以提前了解知识点。如果有不会的，在课上认真听讲，向老师提问，就可以让学习效果好一倍呢。孩子，你愿意试一试吗？"孩子会说："我愿意！"

通过家长的引导，引发孩子思考"向谁学，学什么，怎么学"，这样的一次亲子沟通，巧妙地让孩子认识到学习方法的重要性。即使有时候孩子成绩还是不理想，家长就应和孩子继续寻找适合孩子的学习方法，而不要仅仅因为学习成绩而纠结。

（2）引导孩子跟自己做比较，而不要只看重成绩排名

良好的同伴关系和学习氛围，有助于激发孩子的潜能，强化孩子积极向上的进取意识。孩子们之间的良性竞争虽然是一件好事，但是有时也会演变成"比得过沾沾自喜，洋洋得意；比不过就灰心丧气，甚至一蹶不振"。

父母应该引导孩子跟自己比，看得见自己每一天的进步，比如，虽然这一次的成绩没有提升，但是解题速度却有了大大提升。让孩子学会肯定自己的进步，逐渐树立自信心。即使偶尔失利，也能够正视，从而

查遗补漏，再次积累经验，取得突破。

作为父母，要时刻关注自己孩子的每一点微小的进步，及时给予肯定、夸奖和鼓励，当孩子心理充满成就感和自豪感的时候，自信心也就稳稳地建立起来了。如果你希望孩子发自内心的自信阳光，那就努力把欣赏目光放在孩子身上，看到他、欣赏他、肯定他、陪伴他，让你的孩子成为他自己，这才是我们每一位父母应尽的责任。

Tips

良好的家庭氛围和同伴学习竞争关系，可促进孩子的学习。

1.2.4　实用价值法：从效用角度，让孩子为了"致用"而"学"

家长们是否发现，孩子们小时候如果经常做某件事，往往是因为他们真的喜欢。

一次，我去朋友家做客，看到她四岁的儿子特别喜欢搭乐高。有些结构复杂的乐高对他来说很难，但他也乐此不疲，一次次地尝试。我从旁边看过去，明显感到搭乐高这件事情本身就能给他带来极大的愉悦。所以，他并不在乎自己做得是否完美，而真的只因为自己喜欢。

因为喜爱而专注

当孩子们慢慢长大，学习知识将成为他们生活中重要的一部分。一部分孩子对学习不感兴趣，其原因主要是学习带来的喜悦感、成就感和价值感较少。

这时，父母应有意识地引导孩子看到学习的价值。比如我们想让孩子喜欢画画，那么就应该引导孩子从画画中获得价值感；我们希望孩子喜欢音乐，那就应该让孩子从音乐中获得价值感；我们希望孩子游泳，那就应该让孩子在游泳中获得价值感。

那么，父母如何去引导孩子们找到学习的价值感呢？

1. 在日常生活中找到学习的价值

在生活中，将点滴小事与学习相结合，用当下能获得的价值去刺激孩子，自然而然地引导孩子对"学习"产生兴趣，比如：

● 全家要去旅行，让孩子参与或者负责制订家庭旅行计划，也许会让孩子爱上地理；

● 去超市的时候，让孩子帮忙算账和收纳，可以锻炼孩子的数学计算能力和对物品的分类能力；

● 常带孩子参观博物馆，让孩子在耳濡目染中慢慢对历史、地理、美术等感兴趣；

我的一位朋友一直想让她的女儿学好英语，奈何孩子总是三天打鱼两天晒网。后来，她带孩子出国玩了一趟，孩子发现路上的行人都用英语交流，完全听不懂，同旅行团中有的孩子还可以用英语和外国人简单交流，孩子非常羡慕，回来就主动要求我朋友给她安排英语课程，好好学习英语。

我的女儿也有类似的经历，她本来对学舞蹈没兴趣，去舞蹈课时经常说自己不舒服，借此逃课。一次我们去参加邻居孩子的生日会，现场有个孩子当场跳了一段街舞，引来在场邻居们的一致好评和掌声。回来之后，女儿竟然马上跟我提出，自己也想去学习街舞。

上面两个例子中，两个孩子发生的变化，说明孩子们在与同龄人的接触中，很有可能触发"学习开关"。这是因为，首先孩子们有好胜心，也希望能在群体中受到关注；其次，每个孩子都很在意朋友，尤其是青春期的孩子，他们很希望跟同伴一样，有共同话题；最后，孩子们学得好，在某个领域出类拔萃，会得到朋友们、同学们、师长的赞美和鼓励。学得好的话，甚至还有机会教给别人，在帮助别人的过程中享受成就感带来的乐趣……这些，都成为孩子们学习的动力。

总之，父母们让孩子体会到学习当下的意义很重要，多让孩子发现学习的乐趣。

2. 从喜好联系学习的价值

父母应常试着不带有目的性、不带有评判性地去了解孩子感兴趣的事物和人物。

如果父母能经常与孩子沟通，这些因为孩子的"喜好"而产生的结果，是可以早些进行干预的。

一位颇有智慧的妈妈告诉我，自己的女儿在小学三年级的时候，数学成绩很不好。

这位妈妈内心很着急，于是在一个温暖的午后，坐在女儿身边，轻声问她在数学学习上是遇到什么困难了吗。女儿懊恼地说："我不喜欢数学老师，她总是批评我！"

妈妈抱了抱女儿，说："妈妈知道，这样让你很不开心，对吗？"（同理孩子的感受）女儿眼眶湿润了，说："是呀，她还经常在课上让我回答问题。"女儿继续说着对老师的各种不满，妈妈一

直温柔地看着女儿说："嗯，原来是这样，妈妈理解你。"（认真倾听，给孩子释放情绪的机会）

女儿一口气说出来，如释重负，情绪明显平和了很多。

妈妈笑了笑，顺手拿起果盘里的橘子，递给女儿说："宝贝，妈妈想问你个问题，你喜欢吃橘子吗？"女儿说："当然，我最喜欢吃橘子了。"妈妈接着问："那你喜欢吃橘子皮吗？"女儿扑哧一声乐了，说："那我肯定不吃！"

妈妈笑着点点头，说："宝贝，其实呀，我们可以打个比方，老师教授你的知识就像橘子的果肉，酸酸甜甜的，是你需要的，你喜欢的。如果你需要的是橘子的果肉，那么橘子皮，就像老师对待学生的态度和方式，也许是你不喜欢的，没关系，那我们就把关注点放在果肉上，吸收果肉的营养，你觉得这样做如何？"女儿没说话，陷入了思考，半晌，抬起头问妈妈："如果老师还是老提问我，怎么办呢？"

妈妈笑了，说："那你觉得老师这样做，是希望你变好，还是变差呢？"女儿嘟囔了一句："是希望我变好吧。"妈妈说："如果你把老师教授的知识都学到了，成为更优秀的学生，变得更好，这样的学生老师能不喜欢？"

女儿会心地笑了，说："是啊，下次我考个100分"。说完，把手里的橘子抛到半空，接住，脸上的阴霾一扫而空。（先与孩子情感连接，再讲道理）

这位妈妈在女儿遇到学习上的困扰时，不是给女儿讲大道理，而是巧妙地通过倾听、共情的方式，帮助女儿释放负面情绪，在感情连接成功的基础上，再通过"橘子果肉和橘皮"的类比，让女儿明白自己的关注点应该放在哪里。整个谈话中，妈妈态度平和，用启发式提问引导孩子思考，自己找到答案，发现"橘子果肉"的价值。

所以，想要唤醒孩子学习的内驱力，就需要帮孩子找到学习的关注点，发现其内在价值，然后帮助孩子找到一个好目标（例如，上面例子中的妈妈就帮助孩子找到学好数学，考100分的目标），这个目标一定是孩子发自内心想要实现的。

发掘孩子的优点，从小培养孩子的人生目标和使命感，当孩子内心有了这个目标，就像黑暗中有了灯塔一样，为孩子们照亮了前路。

比如有的孩子从小想治病救人，长大后成为一名医德高尚的医生。有的孩子从小崇拜袁隆平院士，于是好好学习，立志也做一个对社会有贡献的人。

在人生目标达成的过程中，必然会遇到各种各样的压力、困难，家长需要和孩子一起不断努力，和孩子一起缩短现实与目标之间的差距，从而更早抵达目标的彼岸。

Tips

父母将学习和实际生活相结合，为孩子找到学习目标，通过有效的方法，打开孩子学习兴趣的大门。

学员真实案例

从"学渣"到"学霸"，"四大价值法"让孩子彻底爱上学习

我是一名职场妈妈，儿子亮亮上小学二年级。

亮亮刚上一年级的时候，听到闺蜜说学习要从娃娃抓起，我还不以为然，认为那么小的孩子，没必要早早施加学习压力。直到二年级第一学期期末考试，亮亮拿回家的试卷上满是叉子的时候，我才有些慌了神。我找到班主任老师了解情况，老师说，亮

亮上课时爱溜号，对学习也不上心，并告诉我，小学一二年级是学习习惯培养的关键时期，不能大意了。我这才意识到，一直以来我对亮亮都是"放任式教育"，并未从根本上发掘孩子对学习的兴趣。

于是我决定，下班后就陪着亮亮写作业，也放弃了周末和假期的休息时间，陪着亮亮刷题。我以为这样，就能帮亮亮提高成绩，没想到，亮亮的成绩非但没有提升，反而更加厌学，一提到学习，就是满脸的不愿意，嘟着嘴说："我不想学习，烦死了！"看着亮亮的状态，我一筹莫展。

一天，看到闺蜜的朋友圈，原来她家的孩子小涛数学又考了满分。我迫不及待地向闺蜜取经，她说："父母对孩子早期学习习惯的培养要有方法，千万别强制孩子。"我连连点头，是啊，这些天我起早贪黑地辅导孩子作业，却无一点效果，自己也意识到如果继续逼着孩子学习，就有点"强按牛头去喝水"的意味了。闺蜜说："我原来也和你一样，只知道盯着孩子写没写完作业，但是却没有用对方法，让孩子对学习感兴趣。直到学习之后，才发现，用对方法，孩子才能自觉自发地想要学习。"我赶紧向闺蜜请教秘籍，闺蜜向我推荐了崔老师。

在崔老师的训练营中，我学到了激发孩子学习兴趣的方法，迫不及待地跟亮亮一起尝试，没想到，结果让我非常惊喜。

在言语上，我开始注意使用"替换法"，不再总是表情严肃地要求孩子能"吃得苦中苦，方为人上人"，而是告诉孩子学习也可以很轻松。

除此之外，我还买了百数板，带着儿子一起玩。这下儿子可开心了，跟我的关系也变得无话不说。等我再让儿子做作业的时候，就故意说："今天咱们换个方式，看你能不能将作业完成的也像玩百数板一样成为'满分王'。"儿子一听，自信地拍拍胸脯说："放心吧，老妈，这可难不倒我，不管是百数板，还是作业，我都能做好！"

我们还自创了"警察抓小偷"的游戏，用于作业中的改错。很简单，就是让孩子当"警察"，每次抓到作业里面的"小偷"（错题），就可以在自己的作业积分栏中加上一分，周末总结中，还会给"优秀警察"授勋。哈，这下孩子可真玩嗨了，写作业再也不纠结了，痛痛快快完成，痛痛快快纠错，成绩越来越好。

看到孩子成绩越来越好，我更有信心了，接着采用了"四大价值法"，孩子的成绩有了突飞猛进的变化。

先是外在价值，我跟亮亮约定，一周成功抓到五个"小偷"，就让亮亮周末看一部英文动画片。这下他可高兴了，跳着说："那没问题，看我手到擒来！"果然，亮亮检查作业更加认真，看英文动画片的时候，也格外认真，英语水平也在潜移默化中有了提高，真是一举两得。

我反思自己，以前在亮亮写作业的时候，总是看他各种不顺眼，不是嫌他做题太慢，就是嫌他字写得难看……这些，其实都在削弱孩子的"内在价值"！于是我转变观念，改正自己的行为，在亮亮写字的时候，指着他写得最好看的字说："呦，这个字写得真漂亮，不仅占格准确，而且还很工整！"亮亮听了开心极了，写作业时，字迹更加工整了。

为了让亮亮学习更专心，我还和孩子爸爸充分运用"关系价值法"，把电视墙换成了"书墙"，空闲时间或者周末，我们全家挤在沙发上，要么各自读书，要么共同讨论一本书，亮亮也很高兴参与其中，阅读量和识字量大大增加。我和孩子爸爸都由衷地感叹："果然，说一百次，不如自己先做到一次，言传身教的作用远远大于对孩子的空口说教。"

最后说到"实用价值"，这也是我忽略的，没有把孩子学习和实际生活联系到一起。我学习之后，也做了一些改进。带孩子去超市的时候，以前，就只是单纯地问孩子喜欢什么水果，找孩子喜欢吃的食物，现在我会请亮亮帮忙，找找10元以下的菜有哪些，我们有99元，能买几件20元以上的商品呢？当亮亮帮我解决了难题后，特别骄傲地告诉我："学好数学，这都不是难事！"我趁机问他："那一会咱们回家再来几道数学题，怎么样。"亮亮自信地说："那没问题，我要把数学学好，这样以后就能帮妈妈解决更多难题呢！"

看，当一个孩子对学习产生了兴趣，根本不需要家长逼着学，自己就把解决学习难题当成有趣的挑战，这样孩子的学习怎么可能还会落后呢？

·笔·记·栏·

第 2 章

提升孩子学习的能力，
让孩子"能做到"-I can

想学和能学会之间是有一定差距的。

当孩子们开始尝试，但是能力又达不到，或者学习态度不端正，浅尝辄止，无法坚持学习，这都会导致孩子无法实现心中的目标。在家庭教育中，家长们要尽可能地帮助孩子建立良好的学习心态，辅以好的学习方法，提升孩子的学习能力，让孩子像插上翅膀的鸟儿，在知识的天空中骄傲地飞翔。

2.1　好心态带来好成绩

学习的心态，一般是指孩子对学习所表现出来的比较稳定的心理倾向。如果孩子情绪稳定，内心对所学的内容有笃定学好的追求，这样的孩子在学业上通常比较容易取得较好的成绩。反之，如果孩子情绪经常焦虑、急躁，在学习知识的时候半途而废，这样的孩子很难在考试中发挥出超常水平，考出好成绩。

2.1.1　积极情绪法：积极情绪有利于学习

英国著名的教育学者赫伯特·斯宾塞提出，世界上最好的教育在本质上都是快乐的，即"快乐教育"。

斯宾塞用快乐教育的理念和方法教育自己的养子小斯宾塞。小斯宾塞在 14 岁时就以优异成绩被剑桥大学录取，后来又获得博士学位，成为著名的植物学家，并且在多个领域卓有成就。

斯宾塞强调"要教育好孩子，首先就要知道孩子在什么样的状态下学习最有效。"他通过对养子的教育和对大量心理学的研究发现，孩子在快乐的状态下学习是最有效的。当孩子心情快乐时，大脑的神经被激活，促使学习的内容快速记住。

20 世纪 70 年代，心理学教授爱丽丝·伊森进行了一系列研究来说明积极情绪对认知的影响。实验中采用了多种方式来诱发人的积极反应，比如吃糖果、看漫画、听取积极反馈、看喜剧片、阅读一组积极词汇等。研究发现，积极情绪能明显提升记忆力、自控力、创造力、前瞻能力、解决问题的能力、内驱力等。

为什么会这样？让我们从脑科学的角度来一探究竟。

1. 脑科学揭示了大脑运作方式

为了让大家了解人类大脑的运作方式，很多心理学家和教育家把大脑比喻成一座两层小楼。

这座小楼的下层大脑，包括脑干和边缘区域，位于较低的部分，从脖子的上端到鼻梁的位置，主要负责人的基本功能（比如呼吸、眨眼），本能反应（比如遇到危险时，本能地决定是战斗还是逃跑），冲动以及强烈的情绪情感（比如快乐、悲哀、恐惧和愤怒）。

而上层大脑，则由大脑皮层及其各个部分构成，尤其是额头后面那部分，包括中部前额叶皮层。上层大脑进化程度更高，负责理论性思考，比如做出明智的决策、对身体和情绪的控制、产生自我认识、具有共情能力和道德认知等。由此我们可以知道，只有当孩子的大脑前额叶皮层开始发育时，他们才会逐渐拥有调节情绪的能力，做事考虑后果，并且能够考虑别人的感受。

简而言之，下层管直觉，上层管理智。当上层大脑和下层大脑整合运作的时候，是大脑运转最良好的状态。

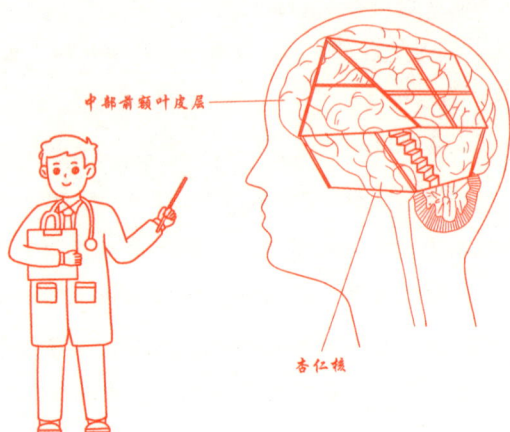

中部前额叶皮层

杏仁核

从上图可以看到，在大脑的底部，有一个叫"杏仁核"的部位，人类的各种情绪都来自杏仁核，当孩子们遇到危险和恐惧时，杏仁核便会发出某种信号，让他们本能地做出情绪表达，比如大哭等反应。很多时候，孩子突然发脾气，或者大哭大闹的本质原因，就是因为大脑被杏仁核控制了。

最简单的例子，如果孩子曾经被小狗的叫声吓到过，那么下次再看见小狗，哪怕是一只从未见过的小狗，孩子也有可能哇哇大哭，或者站在爸妈身后，用这些行为来表达自己的害怕和恐惧。

有些孩子十分抗拒家长坐在自己身边陪自己写作业，有的孩子会表现出情绪急躁、不耐烦，甚至会大哭大叫。当家长遇到这样的情况时，需要回忆和反思一下，自己在陪孩子写作业的过程中，是否有过以下行为：冲孩子发脾气，大吼大叫，甚至打骂过孩子。如果是这样，那么再当我们坐在孩子旁边时，孩子大脑的杏仁核本能地会开启自我保护的防御机制，情绪也会变得激动。

家长看到这一幕，往往对孩子说的是："你就不能控制一下自己吗？"但往往事与愿违。这时，家长就要来认识一下前额叶皮层了。

大脑前额叶皮层从孩子2~3岁的时候才开始发育，6岁达到一个高峰，直到二十几岁才能够完全发育成熟。当孩子的前额叶皮层还没有发育成熟到可以抑制住杏仁核的功能时，孩子们还不具备理性思考和控制情绪的能力，所以才会处在一种本能反应里，容易出现大的情绪波动。

要想让孩子学会自我调节情绪，就需要家长帮助孩子识别情绪和表达情绪。

在帮助孩子识别情绪和表达情绪之前，家长首先要管好自己的前额叶皮质，以身作则，给孩子做好自我调节的示范。

但事实上，我在与家长们进行训练的过程中，发现成人发脾气的表现会间接影响孩子，比如暴躁地摔东西等，这些行为无疑为孩子们做了错误的示范。在这样的家庭环境中长大的孩子，很难从父母身上学到正确调节情绪的方法。

2. 父母如何先做到不发火

很多父母在头疼孩子情绪问题的时候，也很头疼自己的情绪管理问题，这里给出几个方法。

（1）学会积极暂停

如果你已经意识到孩子的问题让自己焦虑着急，请第一时间告诉自己："我现在情绪不好，需要积极暂停。"积极暂停，就是觉察到自己有情绪了，及时跳出当时的情境，比如可以迅速走到另一个房间，让自己心情平静下来，或者告诉孩子自己需要冷静，走出家门散散步。或者试着来一个深呼吸，从1数到6，让自己的情绪慢慢平静下来。当然家长也可以用运动的方式，为自己减压，抚平情绪。

请记住，你一定要告诉孩子："我现在很生气，我现在很烦躁，我需要自己冷静一下。"让孩子了解你的情绪和行为，这样孩子才不会感到被拒绝，或者被"冷暴力"。

（2）告诉孩子应该做什么，态度和善而坚定

当然孩子的不当行为仍然存在，父母还是要在平静之后，找个适当的时间跟孩子谈论这件事。请注意，在父母情绪不好的时候，不要跟孩子谈学习，因为带着情绪的语言往往让孩子感受到的是被指责，起到的是反作用。

亲子沟通时，父母应心平气和、态度坚定、语气和善，用提问的方式引导孩子主动思考，并明确地告诉孩子你对他的期待，你希望他做什么。

> 错误：你怎么能这么做呢？
>
> 正确：妈妈希望你每天写完作业再玩。
>
> 错误：你到底什么时候能写完作业？能不能别拖拉了！
>
> 正确：你打算什么时候完成你的作业呢？

最后，父母要记得修复与孩子的关系。

如果你真的发火了，一定要跟孩子有"和解"的动作，与孩子重新建立联结，避免造成与孩子之间情感和关系上的伤害。父母也要及时向孩子道歉，为自己情绪失控的行为负责。这些，都会给孩子做出正确的示范。

3. 教会孩子创造积极情绪

父母要帮助孩子有效激发前额叶皮层，帮助孩子从"杏仁核思维"转向"大脑皮层思维"，创造积极情绪。

（1）当孩子处于负面情绪时，家长应先安抚孩子的情绪，让他们冷静下来。

小雨在玩游戏，妈妈走过来催促他去写作业。小雨头也没抬，随口跟妈妈说："等会儿，等我打完这一局就去。"妈妈说："好吧。"

过了半小时，妈妈又过来了，看见小雨还在打游戏，气就不打一处来，对小雨说："你不是说，打完这一局就去写作业吗？怎么还在这里玩，说话不算数！"小雨冲着妈妈大声说："我说打完一局，现在一局没打完，你就来催我，怎么就是我说话不算数了呢！"一场亲子大战就要开始了……

相信一部分父母会采用"命令和惩罚"的方法，威胁孩子："你再不放下手机，我就没收你的手机，再也不许玩了！"

这种方法在孩子小时候也许会偶尔奏效，父母的压制让孩子服从。因为孩子还小，没有力量抗拒，也只能乖乖去写作业。但这会触发孩子的下层大脑，让愤怒和不平的情绪增加，当孩子长大后，独立意识越来越强，他们也许就开始反抗，有些孩子甚至会跟父母对着干，摔门而出。

当父母们意识到此刻是因为孩子的下层大脑在起作用时，就要帮助孩子们学会清理"一层楼房"的"情绪垃圾"。

妈妈其实可以这样做：

妈妈平和地说："你很生气，也有点着急啊，因为你想多玩一会儿是吗？"

孩子气鼓鼓地说："是！我就想打完这一局！"

妈妈没有发火，看着孩子的眼睛，摸摸孩子的头，问："你估计多长时间能打完一局呢？"

孩子说："再给我 10 分钟。"

妈妈说："好，再给你 10 分钟。现在 8 点钟，你是决定玩到 8:10 就停下来去写作业，是吗？"

孩子说："是的！"

在上面的对话中，妈妈理解孩子此刻的情绪，因为想玩游戏的迫切和被催促和指责之后的不满，让孩子有情绪了。带着这份理解，妈妈可以保持平和的态度，与孩子讨论如何更好处理此时的冲突。这说明，只有当父母理解了孩子，才能直接而迅速地改善亲子沟通的方式，并与孩子达成"双赢"的结果。

需要说明的是，父母接纳的是孩子的情绪，而不是孩子的"不当行为"，这两者是有区别的，也是很多父母在养育孩子的过程中比较容易混淆的。父母要关注孩子的需求和情绪，但是对于"不当的行为"，比如哭闹、摔东西等，是要教会孩子如何用正确的行为来表达的。

在养育孩子的过程中，父母会逐渐发现，上层大脑就像"肌肉"，经常锻炼就会变得越来越强壮，孩子们越善于利用上层大脑管理自己的情绪，生活和学习上的表现也会越来越好；反过来，如果忽略大脑的运行规则，总是通过简单粗暴的呵斥怒吼甚至打骂来叫停孩子的不当行为，那么上层大脑就会减缓发育速度。

比如，在孩子小时候，当他最喜欢的玩具被不小心弄坏时，肯定会十分伤心，有的孩子还会号啕大哭。

如果此刻，家长面对这个处于负面情绪中的孩子，先给他一个拥抱，让孩子感受到父母对自己的关心和支持，再与孩子共情，说："那个玩具坏了，你很伤心，妈妈理解你的感受。"当孩子的情绪得到理解，上层大脑被激活，孩子的情绪释放之后，将恢复到积极情绪中。

同样的，当孩子们在学习中遇到挑战，可能会焦虑、沮丧或者悲伤难过。此刻，如果父母讥讽孩子的学习能力，说："这么简单的题，你都不会，上课一定没注意听讲！"孩子的下层大脑将被激活，瞬间变得更加焦虑、沮丧、难过，甚至愤怒。父母反应越强烈，在言语上越讽刺孩子，孩子的情绪就会一股脑涌上来，让他们失去理智，哪里还会思考"如何把这道题做好，如何学习更好？"

我女儿在小学二年级时，很喜欢语文书中的一篇课文。文中讲述的是一个跟父母一起散步的小女孩走累了，于是跟爸爸妈妈撒娇、求抱抱。这位爸爸非常智慧，他折下一根枝条递给女儿说："这是一匹小马，你可以骑着小马回家啦。"

小女孩接过枝条，高兴地"骑着"枝条奔向家去，疲劳一扫而空，早早地就到家了。

这篇文章中的父亲，很巧妙地转移了孩子的情绪，让孩子找到积极因素，用一根枝条就轻松让孩子高兴地自己走回家了。

回到孩子的学习上，也是一样的。当孩子们的积极情绪被点燃，他们发自内心地想要做一件事，那10000+小时的重复也不在话下。如果孩子们情绪焦虑和低沉，就好像踩着刹车爬坡一样，就算催促，也没有内在动力。

（2）教给孩子大脑的工作原理

家长可以把大脑比作一个拳头。掌心是下层大脑，拇指是链接上层大脑和下层大脑的杏仁核，而其余四根手指是上层大脑。

当孩子有焦虑、恐惧、愤怒等情绪时，上层"大脑盖子"打开，下层大脑完全露出来，孩子此刻处于"抓狂"的状态。如果孩子学会了情绪管理，即使有情绪，但是仍然能够控制上层大脑来"盖住"下层大脑，那么大脑还是冷静的，孩子可以清晰地表达情绪，从而采取正确理智的行为。

当然，孩子"大脑盖子"打开是常有的事情，家长不妨跟孩子约定好暗号：

● 当"大脑盖子"打开，代表生气、愤怒和害怕；

● 当"大脑盖子"合并，代表一切正常。

当孩子日常刚有情绪时，父母用"手势"提醒孩子，从而让孩子的大脑接收到信号，即"我要管理好自己的'大脑盖子'"，于是慢慢冷静下来。

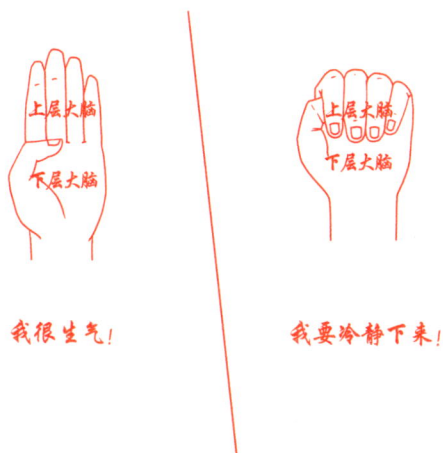

我很生气！　　　　　　　　我要冷静下来！

　　除了"掌中大脑"的手势法，父母也要多做尝试，找到最适合孩子的方法，经常跟孩子练习，让孩子的上层大脑不断得到训练。比如：教会孩子做深呼吸；或者教孩子说／画出来；允许他们在安全和对他人没有干扰的环境中喊出内心的感受，使劲跺脚或者捶枕头。

　　一位三年级男孩的爸爸学习之后，巧妙地用这些方法帮助自己的儿子释放情绪。当孩子放学回来有些不高兴的时候，爸爸递给儿子一个枕头，让孩子捶打枕头。有时候，父子两个还会"对打"。当男孩释放掉自己的情绪，会主动跟爸爸妈妈说："我去写作业了。"

　　（3）用运动帮助孩子锻炼孩子上层大脑

　　美国著名积极心理学家、哈佛大学医学博士丹尼·西格尔的研究表明，身体的动作会直接影响大脑中化学物质的分泌。当孩子丧失了与上层大脑的接触时，帮助他恢复平衡的有效方式就是让他的身体动起来，释放掉部分负能量和压力，可以让孩子更快地放松下来。

　　在生活中，我们也会发现，运动让我们更容易拥有积极的生活态度。比如我的一位朋友每年都参加马拉松比赛，她说："每当跑完步，我都觉得自己充满了积极的能量。回到生活和工作中，有种战无不胜的感觉！"

所以，如果家长觉得孩子在学习上没有进取心，有畏难的情绪，可以让孩子做一些运动，热爱运动的孩子也更加自信，愿意挑战。

> **Tips**
>
> 积极的情绪有利于孩子学习，提高孩子的学习效率和记忆力。因此，父母要管理好自己的情绪，给孩子创造平和有爱的家庭氛围，同时帮助孩子锻炼大脑的前额叶皮质，保持平和的心态，创造出积极情绪，轻松愉快地学习。

2.1.2　心锚法：创造刺激因子，让孩子每次学习都享受

一位妈妈找到我咨询，她的孩子上三年级。最近妈妈发现孩子总是在学习的时候溜号走神，对学习不上心。

我给这位妈妈提供了一个方法——心锚法，她回家做了尝试，一个月后，孩子对学习的态度发生了改变。如果您的孩子对学习也不上心，有畏难情绪，不妨尝试心锚法，这个方法在心理学中非常实用。

什么是"心锚法"？

心锚法，属于条件反射中的一种，实际上就是把存在的一个现象和一个特定的心情或者某种心情之间，建立相关的状态和联系。心锚法可以通过不断地坚持、重复地进行某一个视觉或者听觉的刺激，渐渐产生反应和影响。

心理学家通过实验发现了"心锚"这一现象：当人的身心处在喜怒哀乐的情绪中或是极度兴奋的状态中，如果出现一个反复的刺激因子，当它再度出现的时候，人们会自然而然地想到当时的状态，从而做出类似的反应。

比如"睹物思人"和"触景生情"，这里面的"物"和"景"就是刺激因子，当看到特定的事物和场景，就会联想到曾经见过的人和经历

过的事。

在学习中，如果家长们能够建立起孩子与学习之间正面积极的联结，让孩子在面对学习的时候，总是有轻松愉悦的心情，就能激发孩子对学习的热情，帮助他们正确应对学习中的困难。

如何帮助孩子建立起"心锚"，让孩子感受到学习的快乐呢？

1. 通过特定情景建立"心锚"

要想让孩子与学习形成积极的情绪联结，家长要避免让孩子在学习时产生负面情绪。

部分家长因为孩子不爱学习，拖拉磨蹭的问题来找我咨询，通过咨询我发现，这些家长们大多都爱在孩子学习时盯着孩子、催促孩子，甚至是批评指责孩子。比如，孩子写作业一走神，家长就在旁边唠叨不停，对孩子加以指责。久而久之，孩子还能喜欢学习吗？答案当然是否定的。孩子每次坐在书桌前就会想起家长的指责，每次学习就会有不好的情绪体验，因而对学习就有了厌烦的情绪，这是在孩子内心种下了负面的"心锚"。

如果家长决心要做改变，激发孩子学习的内驱力，首先要避免在孩子学习时批评指责孩子，而是通过特定的情景给孩子建立正向的"心锚"。

建议给孩子设立一个专门的学习区，布局也是孩子喜欢的，但要避免在孩子学习区放漫画书、玩具，这样会干扰孩子的专注力。孩子每次来到自己的学习区，能很快进入学习状态。这样，学习的效率也会提高。

当孩子学习告一段落，休息时，父母可以走到孩子身边，轻声对孩子说："宝贝，你今天很认真哦，妈妈给你准备了水果，快补充一下能量吧。"或者"宝贝，妈妈刚刚看到你皱紧了眉头，是不是遇到了难题？但是你还是坚持完成了，很棒哦！"当听到父母对自己的赞赏和鼓励，感受到关心和支持，孩子此刻的心情还会把学习当作一件讨厌的事情吗？我想不会的。建立了正确的联结后，孩子每次坐到自己熟悉的学习区，总会感觉到轻松和温馨，学习的态度也会变得主动和乐观。

这个过程也许没有那么快，需要家长坚持去做，耐心去做，一旦孩子建立起对学习的积极"心锚"，对知识充满了求知欲望，家长就轻松了！

2. 通过特定动作建立心锚

当孩子表现出色时，父母可以对着孩子竖起大拇指，给孩子加油，这是一种心理暗示。当孩子觉得紧张，没有自信的时候，父母可以用这个手势，坚定地对孩子说："宝贝，我相信你一定能够克服困难的。"

在孩子为取得好的成绩兴奋时，父母可以跟孩子击个掌、拥抱他、拍两下孩子的肩膀，重复这个动作。这样在孩子内心中就会跟"兴奋和成功"画上等号，成为一个积极正面的心锚。当家长再次做出这个动作时，孩子就会快速进入最佳的状态，更愿意去学习。

当孩子遇到挫折时，家长可以给孩子设定一个握紧拳头，把手举高，大声喊出"YES！"这样的动作。每当孩子遇到困难时，通过做这样一个动作，会觉得爸爸妈妈就陪在自己身边，给自己打气。

　　我跟我的女儿有个"秘密暗号"。当她做出难题或者挑战成功之后，我们会击掌庆祝，同时嘴里都会大声说："Give me five！"我问女儿，每当做出这个动作时，她有什么样的感受。女儿顽皮地说，这就像给她"加油充电"，让她觉得自己还能做得更好！

一个动作、一首音乐，乃至一句话，都可以作为一个刺激因子，重复而持久地去做，会在孩子内心中建立坚固的联结，让孩子不管在失败或者成功的时候，都可以正确的去面对，增进孩子的进取心和自信心。

3. 通过特定情绪建立心锚

想让孩子爱上学习，家长首先要给孩子种上"学习快乐，快乐学习"的情绪心锚。

比如孩子上幼儿园前，我给女儿讲的是幼儿园有趣的故事，有小朋友一起玩耍，有老师带领做游戏。于是孩子天天盼着上幼儿园，入园第一天，高高兴兴和我说再见，完全没有哭着喊着或其他不适应的状况。

当孩子上小学前，我给孩子读绘本的时候，故意说一些字我不认识，孩子就很着急要知道那些字，想读懂故事。我就告诉孩子只有学习，才会认识更多的字，才能读更多好玩有趣的故事。于是，孩子特别盼望入学。上学第一天，早早起床，牵着我的手兴奋地去上学。

巴菲特说自己是"跳着踢踏舞去上班"，如果真的在工作中注入了很多快乐的元素，那怎么会觉得辛苦和累呢？

同样的，为孩子的内心注入快乐的元素，让孩子对学习产生快乐的认知，这样的心锚就能够让孩子乐观自信，获得成功的勇气和力量，能支撑他们越走越远。

4. 通过特定体验建立心锚

我的女儿在一年级学习跳绳的时候，一开始每次也就跳十几个。跳着跳着就不开心了，嚷着不跳了，不学了。我故作神秘地告诉她，我有一个好办法，能够让她跳得更好。她凑到我跟前，迫切地想让我告诉她。

我说："我现在是一个魔法师，只要你跳绳的时候，说出我教你的'咒语'，就一定可以的。"她高兴地接受了，真的在跳绳之前一本正经地念起"咒语"来。结果那次她跳了二十多个，高兴坏了，连连说"咒语"管用。

我趁机对她说，只要每次都念"咒语"，就一定可以多跳几个的。这次的成功体验让她信心大增，于是她更加勤奋练习，一次比一次好，从表面看，是咒语起了作用，实际上是一次成功体验的"心锚"让孩子相信自己可以越做越好！

这个建立心锚的方法也同样适用于激励孩子的学习。

当孩子在某一次考试中成绩优秀时，父母要及时通过语言或者动作向孩子表示鼓励和赞许，帮助孩子在情绪高峰时把这种喜悦感和成就感"锚定住"。当孩子某一次学习中遇到挫折，家长可以重复这句话或者动作，跟孩子说："你上次取得了那么好的成绩，是因为你努力了。妈妈相信，只要你继续努力，这次也一定可以克服困难的。"

Tips

家长不要小看建立"心锚"的作用，这种积极的"条件反射"恰恰是孩子前进的最好动力。通过特定的情景、动作、情绪和体验，为孩子内心种下"心锚"，不仅可以及时为孩子"加油充电"，也会更增进孩子跟父母的感情。

2.1.3 放权法：让孩子有决定权和选择权，增强行动力

如果孩子在学习过程中，父母总是用外在动机来督促孩子去学习，比如用报酬的方式说"完成作业，就允许你看一小时电视或者玩游戏"或者惩罚孩子"完不成作业就不许睡觉"，其结果就是孩子会为了"完成"去学习。孩子觉得，只要达到父母的要求就可以了，并没有真正从中获得学习的快乐。

那么，父母们如何让孩子真正获得内在动机，积极乐观地看待学

习，认为自己可以胜任学习呢？

这里推荐给大家一种有效的方法：给孩子选择权，满足孩子的"自主权"需求，让孩子为自己的决定负责，提升学习动力，取得好成绩。下面来看一个非常有名的社会心理学实验。

美国心理学家兰格（Langer）和罗丁（Rodin）挑选了美国的一所养老院进行实验。他们选择了一批年龄跨度为65岁到90岁的老人。

第一组老人为实验组，他们被告知对自己的生活有自主控制权。比如，可以自己决定房间的布置，告诉管理员想做和希望做的事情。养老院给他们每人准备了一棵植物，他们可以选择要还是不要。如果选择要的话，可以选择要哪一种盆栽植物，并照顾好植物。比如这些老人可以选择在哪天看电影等。

另外一组老人为对照组，他们被告知，有人会给他们营造舒适的环境，在各方面照顾他们。养老院还为他们每人准备了一棵植物，但并不需要他们亲自照顾，而是护士每天来给植物浇水、照顾。这组老人也有机会看电影，但看电影的时间只能在周四、五晚上。

实验一共持续了3周。结果发现，第一组的老人自我反馈内容为更快乐、也更有活力。评估结果也显示，第一组的老人中有93%身体状况得到了提高；而对照组只有21%的老人身体状况向积极方面变化。另外一个明显的不同，表现在与他人的交往上。第一组的老人与他人的接触增多，会与工作人员长时间地交谈；而第二组则几乎没什么改变。选择看电影的方面也是如此，第一组有更多的人选择去看电影。

18个月后，再去回访这些老人，兰格教授震惊地发现，在这18个月当中，对照组有30%的老人离开了人世，而实验组中去世的老人仅有 15%！

这个结果印证了心理学家的观点：选择权、控制感和胜任感可以让人变得更积极乐观，更有责任感，有助于身心的健康，生活态度也会变得更加积极。

我曾经的一位同事，小时候被她妈妈逼着练钢琴，一直考到钢琴九级。但是考级通过之后，她几乎再也没有碰过钢琴。

她后来喜欢上了小提琴。没有人强迫她，通过不断练习，日益精进，拿了很多业余大奖。

从她的身上，我们可以看到：同一个人，虽然两次都坚持下来了，但是却诠释了只有让自己做出选择，自己喜爱，才能带给自己沉浸式的快乐。

如果我们每件事都替孩子做主，为孩子做好选择和安排，他们的生活就缺失了自我选择的机会、做决定的机会及独立思考的机会。

正面管教的创始人简尼尔·森女士曾说："大人们最大的错误之一，是向孩子提要求而不是向孩子提供选择。"

所以，我们应该做的是：把自主权交还给孩子，让孩子们做出选择。

可是，大部分家长不去这样做的原因是，担心如果真的让孩子自己做选择的话，孩子们万一"放飞自我"，做出"大闹天宫"的事情来，那该怎么办。

比如，孩子不再学习，而是只知道玩游戏、看电视、看小说……

确实，如果在孩子还没有喜欢上学习之前，还没有具备安排自己的时间和生活的能力之前，家长若完全放手，孩子也许选择的可能就是玩。

那么家长该如何放手，该如何给孩子选择权，才能收获"最佳效果"呢？

1. 给孩子"有限选择"

斯托夫人是美国非常著名的一位作家，她曾经提到过她的丈夫与女儿的一段经历。

丈夫工作很忙，一个周末，他终于有一点时间陪女儿，便跟女儿说："爸爸明天有空陪你玩一天，去哪里都行。"当女儿说想去野餐时，爸爸说野餐太耽误时间；当女儿说想去看儿童剧时，爸爸说儿童剧太吵……结果最后两人不欢而散。这位爸爸竟然还跟妻子抱怨，自己是真心想陪女儿，怎么女儿会这么冷漠。

这其实就是"选择无限"带来的后果。当选择无限后，孩子要不断探索"边界"，来确定自己的决定是否能够被接受，在这个漫长"试探"与"被试探"的过程，父母和孩子都会逐渐失去耐心。

"有限选择"则是一个更好的解决方案。它是我们给孩子提供两个或者以上我们自己能够接受的方案，让孩子从中选择一个。有限的选择，是让孩子在有限的边界范围内做主，获得自主权。

心理学家曾做过这样一项研究：他们把一些体重超重的儿童分为两组，A 组和 B 组。A 组按照减肥专家的建议执行减肥计划，B 组可以选择他们自己的减肥方案。

在减肥期间，实验人员不断提醒 B 组的孩子，他们的减肥方案是自己选择的。2~3 月后，实验人员惊喜地发现，B 组的孩子，普遍比 A 组的孩子减掉了更多的体重。

所以心理学家认为，当孩子有选择机会的时候，他们会更有自信，并对自己的选择赋予更多的责任感。

虽然这是有限的自由，但是，因为是合理的和尊重的，所以，孩子愿意接受、愿意从中做出选择。有限的选择，让孩子清楚地明白自己想要的是什么，学会为自己负责任。

一位幼儿园老师曾巧妙地用"有限选择"的方法让孩子们改正了"上课说话"的习惯。

孩子们特别喜欢说话，每一次老师让孩子们安静，可是安静不到两分钟，就又开始七嘴八舌地说起来了。一天，老师问孩子："我给大家一个选择，你们是想说两分钟还是五分钟？"孩子说："要五分钟。"老师说："好，现在是9点钟，说到9:05，请大家安静下来。"

老师开始计时。9:05到了，老师对孩子说："我们约定的时间已经到了，既然大家答应老师了，那么我们就要做一个遵守约定的好孩子。"

结果全班的孩子，都安静下来。

老师巧妙地通过"有限选择"让孩子们安静下来。让孩子们自主做选择，不仅可以培养孩子们的独立思考能力和行动力，而且还可以让孩子们为自己的行为负责。

人们喜欢自己做决定，也会遵守自己的决定，而且当这个决定有量化的标准时，就更容易坚定地执行下去，而不是讨价还价。比如，"5 分钟后安静下来"，就比"一会安静下来"更容易让孩子们明确边界，同时，如果再加上一个 5 分钟的沙漏，让孩子们可以看得见时间的流逝，看得见自己还剩下多少时间，效果更加明显。

好的家庭教育，是让孩子学会"有限选择"！

在生活的小事上，我们可以尝试这样给孩子出选择题：

- 穿衣服：你要穿黑色外套还是粉色外套？
- 喝饮料：你要喝水还是喝酸奶？
- 刷牙：你是想像大象一样（踏步走）还是像小兔子一样（蹦蹦跳跳）去刷牙呢？

在学习上，我们可以这样尝试给孩子出选择题：

- 写作业的时间：你是想现在写作业还是想吃完水果后写作业呢？
- 写作业的顺序：你是想先写语文作业还是先写数学作业呢？
- 写作业的方式：你是想站着背诵课文，还是想坐着背诵课文呢？

如果能够在每句问话后面再加一句"你自己决定"，家长们会惊喜地发现，孩子会更愿意合作，因为，那是他自己做的决定。

2. 启发式提问

除了有限选择，对于大一点的孩子，父母也可以逐渐放权，让孩子做更多的决定，比如做什么，什么时候做，怎么去做，而不是用命令语言来让孩子去做事。

A.
- 快起床，要迟到啦！
- 快去刷牙，总是要我提醒你，你就不能长点记性？
- 快去写作业，别总是拖拉磨蹭！

假设在同样的场景下，假如你是一个孩子，正在听你的父母说：

B.
- 想一想，怎么做能够提前 5 分钟到学校呢？
- 你觉得怎样才能保持牙齿清洁呢？
- 你准备什么时候去写作业呢？

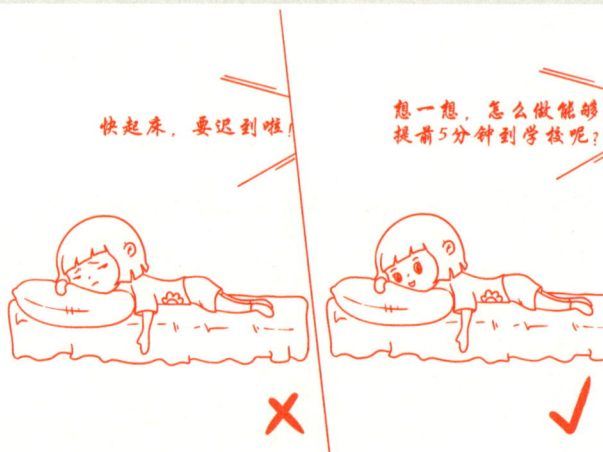

快起床，要迟到啦！ ✗

想一想，怎么做能够提前5分钟到学校呢？ ✓

A 和 B 两种说法，你的感受有什么不同吗？

命令型语句，感受到的是不尊重、无奈、反感、不愉快、不太想做。

提问的语句，感觉到有价值感、被尊重，孩子会学会思考问题，想办法，然后去做！

鲁道夫·德雷克斯曾说："如果父母们想当然地认为他们的孩子能被制服，他们就不可能与孩子和谐相处。"

所以，想引导孩子学习，激发孩子的学习兴趣，父母要练习带有启发式的提问，引导孩子思考：作业是一定要完成的，什么时候完成，怎样完成？我可以自己选择。

那么，怎样才是启发式提问呢？

启发式提问就是运用提问来引导孩子，由内而外地激发孩子的独立思考能力，帮助孩子找到解决方法，让孩子自己来做主。让孩子自主选择，就是让他们自驱学习的过程。

比如我们可以这样说：

> "你觉得该如何做才能让你的学习更加高效，能让你有更多的时间玩儿呢？"
>
> "孩子，这道题还能有什么其他更好的解法吗？"
>
> "孩子，你觉得用什么方式，能让你的数学成绩有所提高呢？"
>
> "这个周末，你觉得该如何规划安排呢？妈妈想听听你的想法。"

在训练营中，我经常听到家长说，"我知道亲子沟通很重要，也知道启发式提问很有用，但是我已经习惯了以前的讲话方式，不知道如何向孩子提问怎么办？"

家长们别着急，这里教给大家三种"启发式提问"句式，大家选择一到两种自己喜欢的句式，尝试着去运用，慢慢地，你和孩子都会喜欢这样的沟通方式，你就能熟练地运用启发式语言跟孩子对话了。

（1）激发孩子思考的启发式提问，问问孩子的想法

①你觉得怎么做更好呢？

②你觉得该怎么办？先做什么？再做什么？

③好好想想，你一定能想出好办法。

（2）给孩子提出建议的启发式提问，尊重孩子的选择

①是不是这样会好些？

②试试这样做如何？

③是不是到了（该吃饭）的时间了？

（3）激发孩子同理心的启发式提问，教会孩子换位思考

①假如你是老师，看到学生们不认真听讲，在交头接耳，你会有什么感受？

②你喜欢别人这样对你吗？

③你没有遵守我们的约定，还冲着妈妈喊叫，你觉得妈妈生气，还是不生气？

以上三种提问方式，会不断启发孩子自己思考问题、解决问题，并且对问题的结果负责任。下面我们看看启发式提问的案例：

大多数的爸爸妈妈们都会对孩子拖沓的问题，烦恼不已。

欣欣是个喜欢赖床的孩子，妈妈从早上 6 点半开始叫他起床，一直到要上学迟到了，他还在慢吞吞的。

过去妈妈习惯于直接告诉欣欣该做什么，比如：你现在该起床了！你赶紧刷牙，赶紧漱口！你该吃早点啦！你赶紧走啊，就要迟

到了！等等。

但是基本没有效果，欣欣还是一如既往地赖床，在妈妈的催促和抱怨中慢吞吞地穿衣吃饭，去上学。

现在妈妈学会了启发式提问，她问欣欣："我们可以想一想，有什么办法可以让我们起床更快，更快乐呢？"

欣欣歪着脑袋想，忽然眨眨眼睛，告诉妈妈："妈妈，下次你提前 10 分钟叫我，然后给我播放我最喜欢的《西游记》怎么样？这样，我就能边听故事边起床了！"

妈妈欣然接受，以后每天只是提前 10 分钟叫醒欣欣，让欣欣在《西游记》的故事里醒来，开启快乐的一天。

相对自由的选择，让孩子有参与感的选择，孩子也更容易配合执行，比如兴趣班的选择，逼孩子去练字和孩子自己选择去练字，孩子每天的积极性肯定不一样。

Tips

想让孩子自主学习，并且爱上学习，家长应学会放权。一旦孩子获得自主权，学习心态开始改变为：我为自己而学。善用"有限选择"和"启发式提问"可以让孩子学会思考，如何为自己负责，从而大大提升孩子的积极性。

2.1.4 冥想法：为孩子减负，让孩子学习更专注更自信

现如今孩子们的升学竞争压力较大，家长们望子成龙、望女成凤的心情迫切，对孩子的要求也较高。

有些孩子总是坐不住，不停地动来动去，看书的时候不专心专注，总是溜号走神。写作业的时候不停地喝水、上厕所……

在训练营中，也有不少家长反映，他们的孩子学习无法专注认真，

尤其是有考试时，孩子就变得烦躁不安，经常焦虑得睡不着觉，从而影响了考试的正常发挥。成绩差强人意带来的负面影响，让孩子们的焦虑更严重，反过来影响了孩子的学习自信心，陷入了一种恶性循环。

孩子和大人不同，他们的注意力和自我控制能力远比成人弱。他们没办法在一件事上专注很长时间，很容易被周围的声音、光线等外界的刺激干扰。

孩子专注力差，没办法控制自己的行为，和他的大脑发育不成熟有关。如前所述，这是因为孩子大脑皮层中额叶的部分远没有发育成熟，而大脑额叶要到 25 岁左右时才能发育完全。

但幸运的是，这些能力都是可以通过训练提升的。

冥想，是很多高考状元们都采用的学习方法。通过冥想，可以让孩子更专注于学习。

很多名人都有冥想的习惯，比如苹果的创始人乔布斯在遇到重大决策时，经常做的就是在房间里沉思冥想；世界上最成功的对冲基金之一桥水基金的创始人雷·达里奥，几乎每天都会冥想，他曾说："冥想让我心思澄明，让我独立，让我的思绪自由飞翔，它赋予了我很多天赋。"

纽约一所专门研究冥想的研究所做过的调查显示：冥想课程能让孩子更加集中注意力，不容易被打扰，在遇到事情的时候能更加冷静，感受到的压力更少。冥想，不仅能激发孩子的内在动力，让孩子变得更积极、自觉、主动，还能提高孩子注意力、记忆力和情绪管理能力等。

那么冥想到底是什么呢？

20 世纪最具影响力的瑜伽大师斯瓦米·拉玛曾经说过："冥想就像河水的堤坝一样，引导意识之流认识到自我的存在。冥想与其他行为一样，是一个循序渐进的过程，当你掌握了它之后，它会引领你获得更深刻的体验。"

简单来说，冥想是一种把思绪、注意力集中在当下某一个特定对象的训练。人们通过冥想来训练注意力和意识，以达到精神上和情绪上稳定、平和的一种状态。

当我们闭上双眼，开始进入冥想的世界时，在重复的一呼一吸之间，整个人的节奏都开始放慢，我们会感受到放松和舒服。

1. 冥想的好处

哈佛医学院曾做过一项研究：冥想练习能够让大脑中情绪脑（杏仁核）的灰质减少，前额叶灰质密度增加，大脑左侧海马体灰质密度增厚。而这些部位与情绪调控、注意力、学习和记忆能力相关。长期坚持练习冥想，可以显著改善和延长注意力范围，达到聚焦，大幅提高学习效率。

英国的卫林·凯肯博士曾带领工作人员做过一个实验。6所学校的学生接受为期9周的冥想课程培训，研究人员发现，参加冥想课程培训的孩子抑郁症状减少，压力减小，心理也更为健康。

在训练营中，我将这个方法引入，发现经常冥想，孩子的专注力和记忆力提高了很多，也不太容易被其他事物干扰。

那么冥想如何做呢？这里我们介绍两种方法：呼吸冥想和正念冥想。

2. 冥想方法

（1）呼吸冥想

其实，孩子的冥想练习并不复杂，可以从最简单的呼吸冥想开始训练，每天5分钟即可，当孩子习惯后再延长到每天10~15分钟。

具体的步骤是：

①先让孩子选择一个舒服的姿势让自己放松，慢慢放松全身。

②让孩子闭上眼睛，开始把注意力集中在呼吸上。

③不用刻意控制呼吸，只需要静静体会吸和呼的节奏即可。吸气时

默念"吸"，呼气时默念"呼"。

孩子在冥想的过程中分神也是很正常的，只要鼓励孩子坚持去做，让孩子在溜号之后把思绪继续收回来，放到呼吸和节奏上就好了。大概 3~4 周的时间，就能惊喜地发现，孩子的注意力和自控力提升了。

对于年龄较小的孩子，可以选择练习静坐冥想。静坐冥想的方法较为简单，就是父母和孩子面对面地坐着，闭上眼睛，保持安静 30 秒。

美国伊利诺斯大学的科学家们对 40 名学生进行静坐冥想生理实验，观察表明：只要静坐 5~10 分钟，人的大脑耗氧量就会降低 17%，而这个数值相当于深睡 7 个小时后的变化，同时发现受试者血液中被称为"疲劳素"的乳酸浓度，也在不同程度上有所下降。

静坐冥想有很多好处，它可以帮助孩子很好地觉察自己、管理情绪，更可以帮助孩子们缓解疲劳，减轻学习压力，提高记忆力。如果家长注意到孩子学习压力较大，睡眠不足，就可以每晚抽出时间和孩子一起静坐，这对减轻孩子压力，提高孩子对学习的专注力有很大帮助。

当孩子养成了静坐冥想的习惯后，可以把"呼吸冥想"加进来，很多孩子经过训练，都说这样能让他感觉到放松，内心也很舒服。

（2）正念冥想

正念冥想，核心是通过冥想的方式关注当下和自身内在，从而达到身心平衡、开发智慧。

正念冥想，一般指让孩子在轻柔的背景音乐下及设定的丰富有趣的情境中进入冥想，让孩子闭上眼睛、全身放松，关注到当下和自身内在，进行图像想象，达到身心调整聚焦注意力的效果。

您也许注意到了，正念冥想中引入了图像想象。孩子们天生想象力丰富，通过轻柔的音乐和放松生动的故事，孩子们可以很容易地进入这个身心解压的过程。科学家经过大量的实验证明，激活大脑前额叶左侧皮层最有效的方式就是通过冥想，冥想可以激发积极情绪，同时抑制消极情绪。所以冥想可以让孩子的情绪更稳定、更积极，更有助于孩子培养自我意识和掌握自己的感受。

有位妈妈来找我咨询，自己的孩子最近很怕去上学，有了明显的厌学倾向。每次说到去上学，原本乐呵呵的笑脸马上就变得凝重。早上起床，也是醒来就哭，不想去上学。走到校门口，死活都不肯进去。每天早上，妈妈都被搞得精疲力竭，实在不知道怎么办才好了！

这位妈妈学习了正念冥想课程后，她用这个方法帮助女儿做了训练，女儿的状况变得越来越好，妈妈觉得很惊喜。

这个正念冥想是如何做的呢？

首先，请孩子平躺下来，引导孩子全身放松，可以先做"呼吸冥想"。

当孩子放松下来，引导孩子想象自己由焦虑变得放松的过程。比如，这样引导孩子："想象你现在正走在上学的路上……是不是有点紧张？请深呼吸，1-2-3，让自己的呼吸变得慢下来，让自己放松下来……试着让自己的头部放松，慢慢放松……试着让你的脖子放松，慢慢放松……对，就是这样，很好，慢慢放松下来……试着让自己的肩膀放松，慢慢放松……"按照身体部位从上往下说，一直到脚，引导孩子做全身的放松。最后，说："现在我们已经放松下来，浑身充满了能量，暖暖的。你已经有足够的能量自己去上学，阳光洒在你的脸上，温暖极了。老师的脸上充满了笑容，等待你的到来……"

做冥想引导的语速要慢，要轻柔，帮助孩子慢慢放松下来。

此外，也可以将正念冥想用于孩子考前的压力舒缓，引导孩子想象自己在考场上从容不迫的场景，帮助学生克服对考试的恐惧。这种冥想可以让学生们放松内心，对考试产生更积极的态度，对自己有自信，从而更好地面对考试。

与呼吸冥想相比，正念冥想引入了更多想象，对父母而言有些挑战。父母可以参加专业的课程，或者由专业老师带领孩子进行练习，效果会更加明显。

儿童正念冥想的好处还有很多，只要方法得当，勤于练习，效果会非常明显。

Tips

教会孩子们如何冥想，养成良好的冥想习惯，能帮助他们抵抗消极的想法和行为，建立自信，提升孩子的专注力和学习能力，给孩子一把打开潜能宝藏的金钥匙，这将是伴随他们一生的一份珍贵的礼物。

2.2　好方法胜过好老师

"工欲善其事，必先利其器"。孩子学习没有动力，有的是因为没有找到好的学习方法，比如，靠死记硬背，怎么也背不下来一篇课文；老师上课讲的时候，听明白了，回家一做题就发蒙；学习专注力不够，自己也想快点把作业写完，但是就是控不住自己的思绪，溜号走神……

好学生与差学生，除了学习态度相差很大外，还差在学习方法上，如果孩子掌握了更好的学习方法，学习上能够做到事半功倍，学习效率也会越来越高，孩子也会越来越有自信，自然也会对学习越来越感兴趣。所以，方法有时比努力更重要。

2.2.1　提问式学习：提升孩子独立思考，解决问题的能力

在训练营中，有些家长反映自己的孩子有以下问题：

孩子明明认真听讲了，但是一到自己做题还是不会；或者孩子看书看了很久，还是没读懂要表达的意思，一问三不知；还有的孩子学习上一遇到困难，只知道干着急，不知道如何解决……

当孩子出现学习上的问题时，家长不能马上责怪孩子学习不用心，而是应及时地觉察到，这是孩子欠缺思考问题、解决问题的能力。

如何培养孩子的思考问题和解决问题的能力，让孩子有逻辑地表达，遇到问题形成自己的观点和判断呢？

爱因斯坦曾经说过:"如果我有一个小时去解开一个性命攸关的困局,我会用其中 55 分钟去确定我应该提出什么样的问题。"

让我们来看下面这个故事《美国女孩凯瑟琳和她的蚊帐》。

2006 年,五岁的凯瑟琳看到电视台的纪录片揭示了疟疾在非洲每 30 秒钟杀死一个孩子后,对非洲孩子的命运产生了强烈的同情心。

凯瑟琳的妈妈上网查数据,告诉凯瑟琳:"疟疾很可怕,小孩得了疟疾很容易就会没命。"

凯瑟琳问:"那小孩为什么会得疟疾?"

妈妈说:"疟疾是靠蚊子传染的,非洲蚊子太多。"

凯瑟琳又问:"我们这里也有蚊子,他们为什么不把蚊子挡在外面呢?"

妈妈只好告诉她残酷的现实:"因为非洲经济相对落后,没有钱去买蚊帐。"

几天后,妈妈忽然收到幼儿园老师的电话,告诉她,凯瑟琳已经很久没交餐费了。她这才知道,凯瑟琳是在攒钱给非洲小朋友买蚊帐!

妈妈非常感动,她带着凯瑟琳去买蚊帐,还在网上找到专门送蚊帐到非洲的基金会捐赠了出去,凯瑟琳还因此获得了一张奖状:"致敬最年轻的捐赠者"。

受到鼓舞的凯瑟琳把自己的洋娃娃、旧书和旧玩具都拿出来卖,还设计了创意证书作为赠品,虽然募款很顺利,但钱还是不够用。

凯瑟琳问妈妈:"这个世界上最有钱的人是谁呢?我该怎么找到他呢?"

妈妈答道:"是比尔·盖茨。"

于是凯瑟琳在一张证书上认真地写道:"亲爱的比尔·盖茨先生,没有蚊帐,非洲的小孩会因为疟疾死掉,他们需要钱,可是钱在您那里……"

2007 年 11 月 5 日，电视里播放了一条新闻："比尔与梅琳达、盖茨基金会"为"只要蚊帐"组织捐献了 300 万美元！第二天，凯瑟琳接到了"只要蚊帐"组织的电话，电话那边的负责人激动地对凯瑟琳说："比尔·盖茨基金会的人说，他们通过一张证书联系到了我们，那上面好像说给非洲孩子买蚊帐的钱都在盖茨那里，他们想不拿出来也不行……"

就这样，这个女孩通过自己的善举，拯救了近 2 万人。18 岁的美国女孩凯瑟琳也因此获得了全球慈善大使奖。而这一切，都是从一个提问"为什么非洲的孩子会得疟疾"开始。

感谢凯瑟琳的妈妈，没有对女孩的问题漫不经心，而是敏锐地抓住孩子提问的机会，鼓励孩子自己寻找答案和解决办法。

提问是孩子思考的开端，但家长们是否发现了随着年龄的增长，孩子越来越不爱提问？所以在咨询和训练营中，经常有家长抱怨自己的孩子学习不思考，遇到不会的题就搁置放着，等着家长"解救"，再或者就干脆放弃……孩子们为什么不再问问题，也停止了思考呢？

杨澜女士曾经讲过自己的一段经历，也与提问有关：

她在美国哥伦比亚大学读研究生的时候，按照好学生的习惯，按时上课，按时交论文，该读的书都读了。

期末考试的时候，她所有的课程都是 A、A+、A-，唯独社会学得了一个 B。

她觉得很不服气，就去找教授理论一番，为什么会给她一个 B 呢？这是一个很差的分数啊？

老师说："因为你上课从来不提问。"她说："因为我听懂啦，所以我不提问。"老师说："你不提问，我怎么知道你听懂了呢？"

原来，这位老师对好学生的要求是要善于提问。

哈佛教育学博士丹·罗斯坦对关于提问的好处做了三点解释：经常提问的孩子，学习会更专心；经常提问的孩子，对学习更有责任感；经常提问的孩子，学习质量更高。

1 经常提问的孩子，学习会更专心！

2 经常提问的孩子，对学习更有责任感！

3 经常提问的孩子，学习质量更高！

不要小看提问的力量，它里面可包含了大学问。提出问题的人比给出答案的人更伟大。所以怎么启发孩子提问，怎么教会孩子提问是家长在家庭教育中需要学习的。

要想孩子会提问，这里有几个有效的方法和建议。

1. 做孩子问题的倾听者

当孩子流露出对某个问题的感兴趣时，父母们敏锐地捕捉到孩子的问题，并停下来倾听孩子的问题，而不是打断孩子的思路，或者干脆拒绝和孩子沟通。

比如很多小孩子喜欢问"十万个为什么"，父母应当充分珍惜并利用这个机会，倾听孩子，欣赏孩子的提问，给孩子点赞："宝贝，你提的这个问题真好。"

有些父母很"勤快"，会在第一时间回答孩子提出的问题。这种积极回应孩子的态度是非常值得鼓励的，但是这种快速给出答案的做法，容易终止孩子自己思考，当他们得到答案之后就不再继续探索了。或者孩子们尝到了甜头，每次都是直接问父母，把父母当成了"答题器"。

事实上，答案不是唯一的，答案也不一定马上给出。

孩子的思考能力大多来自对事物的好奇，但是如果家长马上给出答案，让孩子习惯于被动接受知识，孩子们提问的欲望会越来越小。中国有句话"授人以鱼不如授人以渔"，与其由家长直接告诉孩子答案，不如引导孩子自己寻找答案。

一位名人的父亲曾说："我们不允许孩子们多看电视，但会给孩子买大量的书。遇到不懂的问题，总会有人翻书查找答案，念给大家听。让孩子形成这样的观念：如果你有问题，答案一定存在于某个地方，你要做的就是找到它。"

比如，我的女儿在读《西游记》的时候，就提出很多问题：

"妈妈，石猴也能吃饭吗？那他到底是石头还是真的猴子呢？"
"妈妈，孙悟空的法术是真的吗，我们也能学会吗？"
"妈妈，为什么唐僧取经要经历九九八十一难才行呢？"

这些问题，有些看起来很幼稚，但是却是孩子思考的结果。如果我只是说不知道或者给出一个答案，也许孩子的阅读兴趣，就此会熄灭。我们大家应该都有这样的经历吧：当你看一部电视剧或者电影很投入时，忽然旁边有人告诉你后续剧情或者大结局了，你继续往下看的兴趣是不是会降低呢？

这时，父母不妨设置一些小难题，比如让孩子复述一遍内容，或者一起读一遍找到关键字词，或者一起上网找资料等，这样做可以让孩子阅读或者学习时更专注，并且逐渐习惯于深入地理解与思考。

比如前文凯瑟琳的故事中，妈妈的做法就是和孩子一起上网查资料：非洲为什么每 30 秒会有一个小朋友去世？怎么才能帮到这些小朋友？怎样才能联系到比尔·盖茨……这样的亲子互动，让孩子觉得思考不是一件枯燥的事情，行动也不是一件麻烦的事情，反而会动力十足地去实现自己的目标。

当孩子有问题时，家长应积极倾听响应，鼓励孩子的好奇心，同时引导孩子自己寻找答案，让孩子的好奇心持续"发酵"，这是孩子主动学习的起点。

2. 做孩子问题的启发者

父母是孩子思考训练的第一任导师，一个擅长启发孩子提问的家长，能让孩子的独立思考训练事半功倍。

但是当孩子们习惯于被动接受知识，往往提不出问题，这时候，家长要意识到，很可能是孩子不知道怎么去表达一个问题。家长需要亲自示范怎么提问，引导孩子观察和模仿，慢慢学会用一些固定的句式来做提问。为了便于孩子们操作和理解，家长可以教给孩子们 5WH 提问模型。

-Who: 这句话是谁说的？

-What: 他说了什么？

-Where: 事件发生在哪里？

-When: 事件是在什么时候发生的？

-Why: 为什么会这样？

-How: 他是如何做到的？

根据 5WH 提问模型，让孩子根据以下模板填上具体想问的内容。

(谁)_____，
在 (什么时间)_____，
(什么地点)_____，
说了_____，做了_____，
他(为什么要这么做)_____，
他(怎样做到的)_____。

尤其是在陪伴孩子们阅读的时候，父母不仅仅用声音带领孩子们进入书的海洋，也要引导孩子用"5WH 提问模型"来一问一答，于是有的孩子提出问题就变成了：

"豌豆姑娘是谁？"（Who）

"狮子王刚才说了什么？"（What）

"哈利·波特去了哪里？"（Where）

"为什么小王子要这么做呢？"（Why）

"云朵是如何形成的？"（How）

一开始，孩子的问题可能比较幼稚，提问的方式也比较生硬，没关系，能力是需要锻炼的，家长只需静待花开即可。因为，学会了表达问题，孩子就学会了基本的提问方法。提问本身并不是目的，给出模板不是让孩子机械模仿，而是借由这种方式，让孩子学习如何主动地深入思考，自主地提出问题，用问题引导自己探索世界。

3. 做孩子问题的欣赏者

朋友的儿子 7 岁多，很喜欢提各种各样的问题。他一会儿问："妈妈，为什么恐龙会灭绝呢？难道以后我们真的不会看到恐龙了吗？"又问："妈妈，为什么光会发生折射呢？这太神奇了！"一开始，妈妈还能耐心回答，后来孩子问得多了，妈妈的回答就变得越来越敷衍，甚至觉得孩子是在故意拖延时间不写作业，直接吼孩子："你怎么那么多问题？写作业去！"孩子一脸委屈和不情愿，嘟着嘴去写作业了。

有些孩子不敢提问，是因为害怕，害怕父母训斥说："你怎么那么多问题！"或者父母会嘲笑孩子："你都这么大了，怎么连这个问题都不会？"当孩子听到这样的回答，当然就不肯再提问了。

哈佛大学有一句名言：教育的真正目的就是让人不断地提出问题、思索问题。父母要保护孩子的好奇心和求知欲，给孩子营造一个安全的提问环境，欣赏孩子提出的每一个问题，哪怕这些问题显得幼稚和可笑。家长们请记住，想培养孩子提问，独立思考的能力，就要让孩子感到任何问题都会被尊重，提醒自己"不批评，不评价"的规则。要让孩子意识到：任何问题都是好问题。

在孩子提问时，家长注意运用身体语言，用关注的眼神，亲切的微笑，鼓励的语言让孩子勇敢尝试提问，可以经常询问孩子的意见："你怎么看待这个问题的""你对这个问题还有什么意见吗""下次遇到这样的问题，你可以去哪里寻找答案呢"，鼓励孩子敢说，爱说，勇于表达自己。

欣赏和鼓励孩子提问，让孩子养成学习—思考—提问，再学习—再思考—再提问的思维模式。这样的思维模式和提问能力可以帮助他们找到自己的想法，自己独立去探索问题的答案。

Tips

孩子如果会提问，才会成为一个具有学习能力，善于思考的人。所以，发问使人进步。家长不要急于给答案，而要保护孩子的求知欲，引导孩子继续提问，深入思考和自己寻找答案，这才是一个具有思考能力的孩子。

2.2.2 复述法：简单有效、让孩子成绩暴增的秘密

"小学是养成学习态度、学习习惯的关键期，一旦方法错误，孩子就很可能会对学习产生抵触情绪。反过来，用正确的方法辅导孩子做作业，孩子不但不会抵触，还会越学越想学，充分享受到学习的乐趣。"

家长不妨尝试让孩子做自己的"小老师"，一方面每个孩子都希望在父母面前有表现的机会，如果可以做父母的"小老师"，当然成就感爆棚；另一方面，如果父母希望了解孩子在学校是否认真学习，是否掌握了主要的知识点，那么可以在孩子每天回家写作业以前，先邀请孩子

复述当天所学到的内容。因为，孩子知道回家以后，父母会问起上课讲述的学习内容，也会上课认真听讲，梳理当天学到的知识点，这也是督促孩子上课认真学习的好方法。

这个让孩子通过复述学到的知识内容，再讲给别人听的方法，就是"复述学习法"。

"复述学习法"是一种以"学习—复述—再学习"模式进行的自我教授的学习方法。复述，是孩子学习至关重要的一个技巧和方法，训练孩子对所学的内容提炼重点，清晰地复述出来。目的有三个：第一，孩子回想知识重点，能有效锻炼大脑，提升记忆能力；第二，提炼知识点和串联知识的过程，能提升孩子的逻辑思考思维；第三，要把知识讲清楚、讲明白，能锻炼孩子的表达能力。

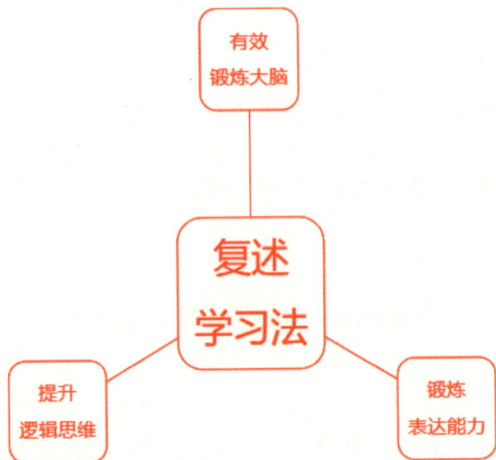

21 世纪初，美国著名学习心理学家盖茨就通过实验证明：对于学过的知识进行复述，复述所用的时间越长，知识再现量就越多，就是说复述能唤起学习者更大的记忆力。在日本，这种方法叫"全脑学习法"。

1. 费曼学习法

说到"复述学习法"，就不能不提到"费曼学习法"，这是一种非常实用的输出倒逼输入的学习方法。

理查德·菲利普斯·费曼是诺贝尔物理学奖得主，科学界还称他是"仅次于爱因斯坦的最睿智的理论物理学家"。

他提出的"费曼学习法"被世界公认为最有效的学习方法，可以帮助学习者快速掌握新知识。他说，要是你能把一个概念用最简洁的语言表达出来，连不懂的人都能听得明白，那就说明你对这个知识已经完全掌握了。该学习法主要分为以下四个步骤：

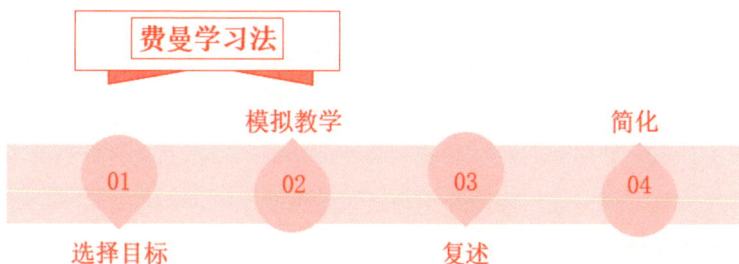

费曼学习法

模拟教学　01　02　03　04　简化

选择目标　　　　　复述

①选择目标：在一张白纸上写下你要学习的概念或知识。

②模拟教学：假设自己是一名老师，现要向学生清楚地传授这些知识。当你写下自己的"教案"，即自己对知识的理解，这时你会发现你对这个知识的掌握程度一目了然。

③回顾：当你感觉还没有完全掌握知识点时，就需要返回到书籍或者资料，继续学习还未掌握的知识内容。

④简化：用通俗和简洁的方式表达自己对此知识点的理解和应用，这里强调要用自己的话复述，而不是重复书本的原话，从而建立自己的理解知识系统。

费曼学习法的核心，就是教会别人，也就是复述自己的知识理解。

之前读过一篇新闻：一位农民父亲无意中用了"费曼学习法"，结果女儿考中清华，儿子考中北大。记者采访这位父亲时，他说："我这人没什么文化，其实也没啥绝招——我只不过是让孩子教我罢了！"

孩子每天放学后，父亲说想听听孩子在学校都学习了什么，会让孩子把老师讲的内容给他讲一遍；孩子做作业的时候，他也会读孩子的课本，有不懂的地方，就去问孩子。两个孩子也乐此不疲，每天放学回家都会把课上学到的知识讲给父亲听。一旦父亲有不理解的地方，他们就会大量翻书、查资料，力求用浅显易懂的方式让父母能听明白，就这样，日复一日，从不懈怠。

这位父亲就是在无意中用了"费曼学习法"，这样一来孩子学习成绩一路攀升，最终考上了名校。

为什么"费曼学习法"如此有效呢，这里不得不提及另外的两个知识点了，即"学习金字塔"理论和遗忘曲线理论！

2."学习金字塔"理论

学习金字塔，由美国著名学习专家爱德加·戴尔于 1946 年首先发现并提出，他发现，可以把学习分为被动学习和主动学习两种类型。被动学习分为听讲、阅读、视听、演示四种模式。主动学习分为讨论、练习和实践、教授给他人三种模式。

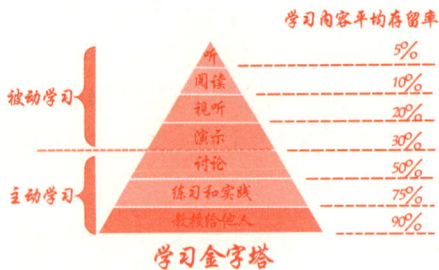

学习内容平均存留率

被动学习	听	5%
	阅读	10%
	视听	20%
	演示	30%
主动学习	讨论	50%
	练习和实践	75%
	教授给他人	90%

学习金字塔

在塔尖，第一种学习方式——"听讲"，也就是老师在讲台上说，学生在座位上听，这种方式是我们最熟悉也是最常用的，但学习效果却是最低的，两周以后学习的内容只能留下 5%。

第二种，通过"阅读"方式学到的内容，学习内容留存率达 10%。

第三种，用"声音、图片和视频"的方式学习，学习内容的留存率达 20%。

第四种，用"演示"的方式学习，学习内容的留存率是 30%。

第五种，"讨论"的学习方式，学习内容的留存率达 50%。

第六种，"练习和实践"的方式，学习内容的留存率达 75%。

第七种，"教授给别人"的方式，学习内容的留存率可以达到 90%。

将学到的知识教给别人的学习效果最佳，这也是费曼学习法被称为最高效的学习法，最根本的原因。

让学习者主动地将学习到的知识通过自己的话进行复述，这个过程可以称之为主动学习的过程。学习知识的时候，如果孩子只是通过课堂听讲，或者被家长逼着以多看书多做题的方式，那么很可能转瞬就忘，提升效果并不明显，而一旦孩子们自发地去了解知识，掌握知识，并且把知识讲给别人听，教给别人，那么这个知识将会刻在大脑里，不仅让孩子的学习效率大增，而且可以让孩子感受到学习的快乐。

3. 艾宾浩斯"遗忘曲线"

德国心理学家艾宾浩斯提出了"遗忘曲线"。艾宾浩斯遗忘曲线解释了人类记忆的规律，即人们所学知识需要及时进行复习，否则就会慢慢淡忘。人们通常在一个小时内就会遗忘所学的知识，如果在一个小时内回想一遍就可以更好地记住，最好一天后再回忆一次，三天后再回忆一次，更长的时间，比如一周、一个月、半年、一年再回忆一次，这样知识就更深刻了，由此可见，复习对于学习的重要性。

记忆保存比率

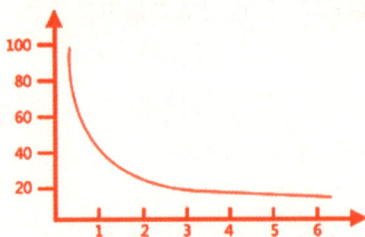

艾宾浩斯遗忘曲线

有些孩子上课的时候觉得自己听懂了，回家之后，对复习毫不在意，结果一到考试，成绩并不理想。通过费曼学习法，在一天课程结束之后，让孩子将今天学过的知识讲给父母听，可以起到一个复习和查漏补缺的作用，这是有效利用了艾宾浩斯遗忘曲线的原理。

学习"复述学习法"之后，一位学员妈妈大受启发，有意无意地拿着孩子的课本装作不懂，去问孩子。妈妈说："哎呀，这道题妈妈好多年没做过了，怎么都做不出来了，你能帮帮妈妈吗？"

孩子一向乐于助人，一看那么厉害的妈妈都来求助他，立马来劲了，于是开始给妈妈讲。一来二去，孩子就当起了妈妈的小老师。

有时候，孩子也有不会的题目，母子二人就一起查书，上网找答案，这样不仅解决了问题，而且亲子关系也会变得其乐融融。这就是"复述学习法"的魅力啊！

Tips

孩子们在训练中，不是把所学内容囫囵吞枣似的教授给别人，而是将知识内容理解、梳理之后，用自己的方式讲述出来，并且在讲述的过程中检验自己对知识点的理解是否正确。

2.2.3 番茄工作法：劳逸结合，学习效率提升 30%~60%

父母们焦虑孩子学习时间不够用，早起晚睡作业都做不完。但是细心的父母一定也发现了，很多优秀的孩子，他们的学习时间并不比我们的孩子多，甚至有些孩子还比我们的孩子用时更少，玩得更开心，还能抽出多余的时间发展个人兴趣爱好或做喜欢的事。

试想一下，每天不必在作业上花费很多时间，还能有时间玩，这样的规划大概没有几个孩子不爱吧？

本节介绍一种时间管理的方法：番茄工作法。它是一个非常简单的时间管理法，很多孩子都在用它来提高学习效率，高效完成学业。

1. 番茄工作法是什么？

番茄工作法是意大利人弗朗西斯科·西里洛创立的一种时间管理方法。番茄工作法其实很简单，就是把学习时间进行分段，每段的时间通常是 25 分钟，每学习 25 分钟之后有 5 分钟的简短休息时间。我们把每个 25+5 的时间段称为一个番茄钟。每学习 4 个番茄钟后，多休息一会儿，比如休息 20~30 分钟。

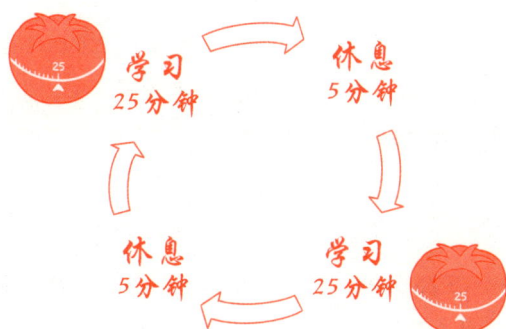

2. 为什么番茄工作法对孩子提升学习效率有帮助？

番茄工作法自发明以来就被广泛应用，世界各地高校的学生都用它来高效地学习。许多时间管理的研究者也认为番茄工作法是绝佳的效率工具，它可以让人提高自律，摆脱拖延。最重要的一点是番茄工作法简单、可行，即使是小学生也可以轻松掌握，并且很快见效。

（1）番茄工作法让孩子快速进入"心流状态"

邻居经常抱怨自己的孩子写作业容易走神，一会儿又要喝水，一会儿又要上厕所，每次写作业都要在书桌前坐好几个小时。

孩子写作业容易分心，是因为他们没有进入"心流"的状态。

"心流"指的是一个人在专注于某件事情的时候，精力和注意力全身心地投入，不轻易被外界干扰的一种状态。

根据美国心理学家米哈里·契克森米哈赖的心流理论，全身心投入一件事儿的状态，就是心流。处于心流状态中的人效率是极高的，比如很多艺术家、棋手在从事他们工作的时候，几乎是全神贯注地投入，经常处于忘我的境界，取得了卓越的成就。

"心流理论"就是让人们感受到快乐并沉浸其中，然后再积极主动地学习。想要孩子能够"快乐学习"，就要让他们用"心流"的状态去学习。

在番茄工作法中，逐渐培养孩子在 25 分钟保持专注做一件事儿，就是用人为的方式创造出心流的环境。当孩子在学习中进入心流状态时，忘记时间流逝，学习效率自然而然就大大提高了。这样的学习，才是真正意义上的"高效学习"。

25 分钟刚好是成人专注力保持得最好的一段时间，在此之后经常会走神、疲惫，效率越来越低。在孩子们进行番茄工作法的训练时，父母不必严格限定在 25 分钟，可以根据孩子自身的专注力程度设定番茄时间，比如一开始根据孩子的实际情况从 10 分钟或者 15 分钟开始训练，孩子适应一段时间之后，再相应地延长时间，直到达到 25 分钟的专注学习时间。

持之以恒地使用番茄工作法对孩子进行训练，会让孩子对时间的感知力越来越强，自主地控制时间，从而提升学习效率。

（2）番茄工作法让孩子劳逸结合

"心流"的运用虽然有利于提高孩子的学习效率，但是家长应该注意"适度"。尤其有些孩子没做好或没有做完作业，家长就强制孩子一定要完成，这样的"强迫"心理很容易造成孩子疲劳学习或者情绪焦虑。孩子们如果长时间处于紧张的学习状态，忽视休息和放松的重要性，也是不可取的。

所以番茄工作法的好处之一是：不仅能帮助孩子集中注意力，还可以让孩子养成及时休息、劳逸结合的好习惯。

番茄工作法中的学习时间完成后，随之而来的5分钟休息可以让孩子跳出眼前的学习，做一些放松的动作，缓解疲劳，这样能够在下一个心流阶段中再次全身心投入到新的任务中。工作和休息的交替循环，保证了身心的张弛有度，劳逸结合。

（3）番茄工作法让孩子容易坚持

心理学家巴甫洛夫曾做过著名的条件反射实验：每次在给狗喂食之前，巴甫洛夫都会发出一些信号，比如使用节拍器、敲击音叉等，通过不断强化刺激，在小狗对铃声和进食之间建立了反射之后，铃声响起，不管有没有食物，小狗都会流出口水。

巴甫洛夫曾说："我们的一切培育、学习和训练，一切可能的习惯都是很长系列的条件的反射。"

比如小朋友在第1次打针后，再次见到穿白色褂子的人，便会联想起之前打针的疼痛记忆，自然而然会条件反射地大哭或者嚷着要远离。

如果合理地利用条件反射，可以很好地培养孩子的行为习惯。在孩子的教育过程中，若我们能够对孩子进行不断地培育、学习和训练，孩子在长期的条件反射下自然能够形成好习惯，改掉坏毛病。

坚持用番茄工作法进行训练，每次开启番茄钟的时候，孩子就会形成条件反射，注意力高度集中，倒计时完成，铃声响起，注意力又自然而然的放松下来。久而久之，孩子在番茄钟的陪伴下，每天都能高效完成学习。

3. 番茄工作法怎么用？

我们将番茄工作法划分为六个步骤：

1. 确认作业清单
2. 番茄钟定时"25分钟"
3. 开始做作业，直到番茄钟响
4. 记录到作业清单
5. 休息！
6. 每4个番茄钟，休息30分钟

第一步：请孩子列出作业清单；

让孩子把具体的作业项目一一列出清单。然后请孩子做好准备工作，准备好笔、橡皮、尺子、书本、资料等工具，并提醒孩子上厕所、喝水，避免写作业的时候受到干扰。

第二步：设置 25 分钟的番茄钟（可以使用的计时工具有：定时器、沙漏、软件、闹钟等）；

第三步：开始写作业直到番茄钟响起（设定训练时间到）；

第四步：停止学习，在做完的作业后面记录，画个 × 或者打钩（记录完成进度）；

第五步：休息 5 分钟，提醒孩子无须再想学习的事了，彻底放松，喝水、上厕所、看看远处，但不要做剧烈运动（简单放松即可，避免激烈运动或者游戏时间等）；

第六步：进行下一个25分钟的番茄时间，每完成一个番茄时间都去记录一下作业进度，循环下去直到完成作业。中间，每四个番茄钟后，记得提醒孩子休息30分钟。（劳逸结合，避免长期间工作和学习）

4. 番茄工作法注意事项

①一个番茄时间一旦确定不可分割，不存在半个或一个半番茄时间。

番茄钟的训练时间一旦确定为10分钟，15分钟或者25分钟，每次都设定相同时间。直到孩子适应番茄工作法，再适当延长，但每个阶段的番茄钟的时间也是固定的。

②如果一个番茄钟的时间到了，孩子学得正起劲，不想停下来，要不要继续做？

不要！如果孩子做一件事情做得正起劲，就代表此时他兴趣浓厚，一件事情在处于张力的状态下，他进入下一个番茄钟也会进入得特别快，休息5分钟基本不会有影响。

③5分钟的休息时间可不可以让孩子去玩游戏、看电视？

不要！这5分钟是让孩子短暂的精神放松时间，以便顺利进入下一个番茄钟的心流状态，如果让孩子看电视、玩手机、玩游戏，那么孩子很难从神经兴奋的状态中迅速回来。只有到4个番茄钟后，30分钟的休息时间，或者完成了全部作业，孩子才可以真正地放松。

④一个番茄时间被打断怎么办？比如孩子去喝水、去上厕所？

在番茄工作法训练期间，尽量不打断。一开始做训练时，孩子写作业难免溜号走神，父母可以记录下来，结束之后和孩子一起讨论如何避免下次出现类似打断的情况。

如果是因为缺少学习用具，或者喝水、上厕所等原因，应让孩子养成在任务开始前就提前排除干扰的习惯；如果是被外部事件打断，比如不能拒绝，且在2分钟以内能处理完，就快速处理；能拒绝的，则沟通顺延时间，等番茄钟结束后再处理；若超过2分钟，那就按作废处理，处理完事情之后，再重新开始一个新的番茄钟时间。

⑤仅在学习时间内使用"番茄工作法"，其他生活事项用别的时间管理方法。

父母不要看到番茄工作法让孩子变得高效，就应用于孩子生活的方方面面，让孩子始终在番茄钟的"滴答"声中度过，这样操作会破坏孩子对番茄工作法的"好感"。

Tips

> 番茄工作法 25+5 的工作原理，可以有效培养孩子的时间管理能力，从而提高专注力，减少孩子在学习或者完成某个任务时的时间焦虑感，让孩子高效完成学习任务。

2.2.4 目标管理法：让孩子的人生开挂的学习方法

一位妈妈向我咨询：孩子不爱学习怎么办？我不提醒，他都不知道要写作业了，好像这都是我的事情一样，要不断地去提醒他去做，到底该怎样培养孩子的兴趣和自觉行动的习惯呢？

经过我跟孩子沟通交流，我发现这个孩子不是不爱学习，只是因为孩子的心中没有目标，不知道为什么要学习。

当孩子缺乏人生目标和理想，缺少对学习的兴趣和动力时，会把学习当成家长或者老师强迫的任务，是无奈的事，是别人的事，自然缺少意义感和目标感，对学习也提不起兴趣，难以真正培养出学习能力。

具有目标感，是指在意识上时刻知道自己真正想要的是什么，而且在行动上全力以赴，积极学习必备的知识和能力，坚定地朝目标靠拢。因此，有目标感的孩子和没有目标感的孩子，学习的结果也截然不同。

1. 为什么孩子一定要有目标感？

（1）目标赋予孩子动力

哈佛大学曾于 1979—1989 年间对毕业生做过一个长达 10 年的追踪

调查。

在调查中，这些哈佛大学的毕业生被问到这样的问题：

"你是否有明确的生活目标并把它写下来了？你是否已经制定好了计划去实现它？"

调查结果发现，只有 3% 的毕业生有清晰的目标并把它写了下来，13% 的毕业生有目标却没有写下来；其余 84% 的人除了打算离开学校后好好过个假期以外，什么目标也没有。

10 年后，哈佛大学又把当初的毕业生全部召回来做了一次新的调查，结果发现那些有人生目标但没有写在纸上的毕业生，他们每个人的年收入是那些 84% 的没有人生目标毕业生的两倍。而那些 3% 把明确人生目标写在日记本上的人，他们的年收入是没有目标的人和有目标未写下来的收入相加后的十倍，他们几乎都成了社会各界顶尖成功人士。

这就是目标的力量！让有明确目标的人，在人生旅途中战胜惰性，迈向成功。

没有目标的孩子，做事拖拉磨蹭，做什么事都得三催四请或者做事没有条理，总是丢三落四。而有清晰目标的孩子，才能够战胜各种诱惑，远离游戏和电子产品，对自己的人生有规划，成为积极、自主和努力的人。有目标感的孩子做事更有动力！

（2）目标让孩子更加专注

外交部高级翻译张京，每次在翻译现场都能吸引很多人的目光，因为张京的英语翻译炉火纯青。初中时，张京就已经立志将来要进入外交部，成为一名外交官。高考结束后，她的成绩已经达到清华、北大录取线，但有着清晰人生目标的她，没有过一丝犹豫，毅然选择了更接近外交官的外交学院。

张京的高中班主任曾经这样评价她："张京是个执着、专注的人，知道自己要什么。"

要成为这样执着努力的人，就必须有清晰的目标。

普通的日光无法点燃棉花，但在凸透镜的聚焦作用之下，却能将木头燃着。聚焦，会产生无穷的能量。

没有目标的孩子，学习时专注度不够，小动作不断或者写作业潦草敷衍，写完都不愿检查。而一个有目标的孩子，才能够集中精力，展现出高度的动机，自发地学习需要的技能和知识，在学习上精益求精。有目标的孩子，做起事来更加专注！

（3）目标激发孩子的主动性

13岁的陕西男孩李沁轩，从小就对飞机充满好奇，立志成为一名飞行员。

为了研究飞机，李沁轩认真地从不同角度拍摄照片，甚至前往全球各地参加航展。哪怕旅途艰辛，他仍旧一脸向往地说"想当飞行员，是我目前最大的目标。"

没有目标感的孩子，学习没有积极性、主动性，畏难情绪强烈，遇到困难就想放弃。而心中有目标的孩子，根本无须父母催促唠叨，学习更加主动积极，他们知道自己想要什么，不会轻易向困难低头，他们会为自己的梦想和目标坚定前行。即使遇到困难，也不会轻易放弃，而是主动想办法解决问题，努力调整自己的做事方式，勇往直前。

根据是否具备"目标感"来划分，孩子可以分成四种类型：

①无目标者：指没有任何目标的孩子，或者目标无意义的孩子，比如学习仅仅为了获得玩具、更多的游戏时间，或者取悦父母。

②空想者：这类孩子有一些自己的目标和想法，但却停滞于实际行

动。他们很少或几乎不采取积极行动在实现中去尝试他们的任何想法。

③半途而废者：这类孩子已经采取了一些实际活动，但是他们不愿付出更多努力，浅尝辄止，遇到困难或者挑战就退缩了或者转而尝试其他的目标。

④目标明确者：这类孩子很清楚地知道自己想要实现的目标是什么，并且采取了相应的行动去实现他们的理想，即使在困难面前也毫不退缩，而是积极地寻求解决方案。

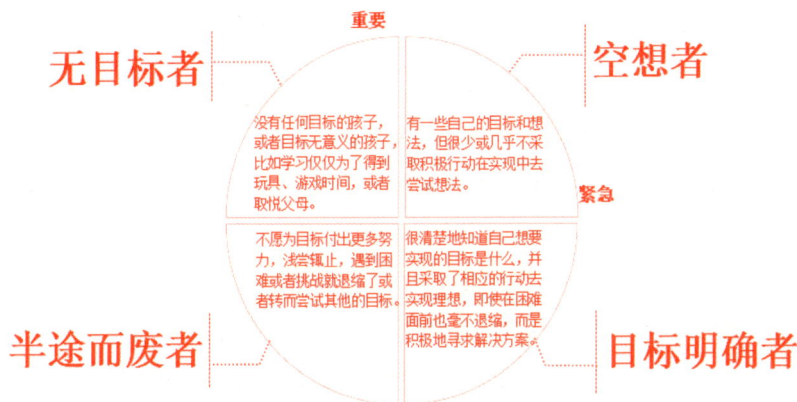

通过上述四种类型可以看出，只有目标明确的孩子，才会感受到自己真正想要的是什么，为什么要这样做，并能以此为行动指引。因而，有目标感的孩子做事更加积极主动。

2. 管理大师的目标管理三步骤

如果你的孩子还没有自己的目标，家长应该尝试引导孩子进行目标管理的训练了。

目标管理，是以目标为导向，以人为中心，层层递进的一种训练方式。世界管理大师德鲁克早已经给出了目标管理的具体步骤：制定目标→分解目标→考核目标。

让我们一起来看看如何把管理大师的方法与孩子们的学习和生活相结合，让我们的孩子成为目标感强的孩子。

（1）制定目标

美国斯坦福大学教育研究所教授威廉·戴蒙，被誉为"影响世界的50 位心理学家之一"。他认为父母要成为孩子的引导者，要高度参与到孩子的兴趣发展中来，让孩子树立目标感。

但这里强调的是，父母仅仅是引导者、参与者，而不是孩子指定目标的决策者。父母不要过度地掌控孩子的人生，什么都为孩子安排好，要把孩子当成一个独立的个体。

学员家长说："以前总是我来安排，孩子没啥学习目标，一到写作业就不情不愿，总想着偷偷懒、拖拉磨蹭，要么就是应付了事。而孩子自己有了目标以后，做作业的认真程度会高很多，而且自己会改进做得不足的地方，整个人都变得更积极主动了！"

父母要关注孩子对什么感兴趣，适当地引导他挖掘自己的人生目标，同时鼓励孩子为自己的目标付诸努力。比如孩子可能一开始学习英语是为了出国玩，得到父母的支持和鼓励之后，激发出学好英语的责任感和使命感，从而把成为优秀的外交官确立为自己的目标。

父母也可以经常跟孩子聊聊，用提问的方式引发孩子思考，让孩子自己去寻找自己的目标。比如：我对什么有兴趣？我做什么最快乐？我最擅长什么？父母要认真倾听孩子们内心的渴望，尊重孩子们的想法，尽可能保护并增强他们的好奇心和自尊心。

父母还要引导孩子建立长期目标和短期目标，短期目标可以是本学期的期末考试成绩，长期目标可以是孩子的人生梦想。订立目标可以帮助孩子激发内在的学习动力，同时让他从现实困难中看到希望，让他明白只要自己朝着目标踏实努力，就一定可以克服目前的困难，一定可以实现自己的人生理想。

（2）分解目标

"分解目标"就是让孩子知道目标需要分几步完成。

我曾经读过一篇文章，一位70岁的老人参加马拉松，每次都能跑完全程。有人问老人，有什么秘诀吗？老人说："我每次跑马拉松，都是把全程分为若干段，所以我是一段一段跑完全程的，没有感觉有多少压力。"

很多父母都很头疼孩子定下目标，但却无法坚持，其实很多时候，是因为目标太大太遥远，往往不容易坚持，心理上就被拖垮了，因而半途而废。

所以，父母不仅要帮助孩子确立目标，还要教会孩子拆解目标。把一个大目标分解为一个一个的小目标，让孩子充满希望与自信，逐渐完成小目标，并逐步完成大目标。

比如孩子本学期末的目标是成绩提升到班级前三名，那么就要把这个大目标进行分解：数学、语文、英语……各科的目标；然后再进行下一级的分解，比如语文可以分为作文、阅读、词汇……分别要达到什么目标，以此类推，直至确定每天的学习内容。

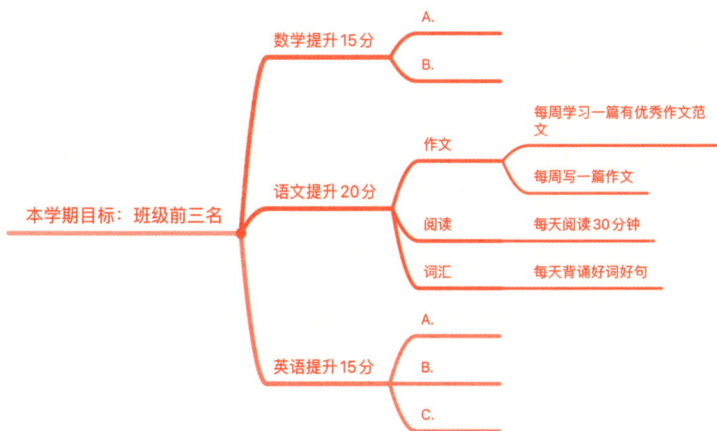

本学期目标：班级前三名

- 数学提升15分
  - A.
  - B.
- 语文提升20分
  - 作文
    - 每周学习一篇有优秀作文范文
    - 每周写一篇作文
  - 阅读　每天阅读30分钟
  - 词汇　每天背诵好词好句
- 英语提升15分
  - A.
  - B.
  - C.

这样经过层层分解，最终的目的是使一个大的目标变成具有可操作性的小目标，孩子也对每天要具体做什么非常清晰。

（3）考核目标

一方面，孩子的目标要符合 SMART 原则，便于观察执行情况和实施考核；另一方面，父母要给予孩子即时的反馈，让孩子获得足够的成就感，支持孩子的最终实现目标。父母可以每天观察和记录孩子每个小目标的完成情况，在表格里或者日历上给孩子画钩，让孩子得到即时反馈。

当孩子确立了自己的目标计划后，建议让孩子把这个目标写下来，并向全家郑重宣布，将其贴到孩子卧室醒目的地方。大家一定还记得哈佛大学的研究成果，即当一个人设定了明确的人生目标，并把它清楚地写在笔记本上是非常重要的，能提醒人们谨记自己的目标，专注持久地去努力，最终获得成功。这也是提醒孩子自我考核的方法之一。

考核目标并达成目标，对孩子而言，学习就更有主动积极性。所以在学校频繁的小测验并及时公布测验结果是很必要的，这不仅仅是记忆规律的要求，更是激励孩子的一种机制。如果孩子学了很久，却看不到结果，那么孩子对学习的兴趣会大大减弱。

SMART 原则是什么？

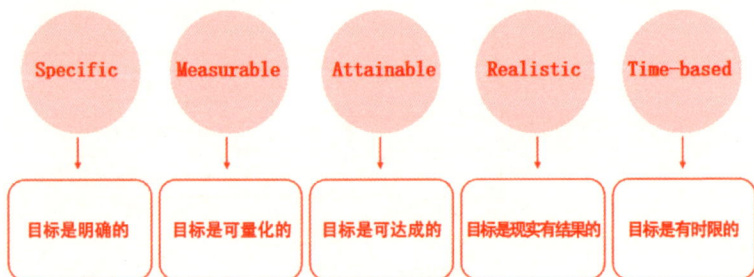

Specific	Measurable	Attainable	Realistic	Time-based
目标是明确的	目标是可量化的	目标是可达成的	目标是现实有结果的	目标是有时限的

①目标是明确的 -S（specific）：

如"我要努力学习！"这一目标就是不明确的，不如将其改为"我想把成绩提升到班级前三名"。如果目标为"两个星期读完1本书"，那么这个目标也不够具体，如果换成"这本书一共140页，每天读10页"，就是一个合格的具体目标了。

②目标是可量化的 -M（measurable）：

目标最好是能够量化的，如"我要学好英语"这样一个目标过于笼统，无法判断目标的达成情况，可以跟孩子讨论后改为"我要每天记15个单词"。

③目标是可达成的 -A（attainable）：

设定的目标应是孩子"够得着"的目标，要尊重孩子之间的差异性，以自己孩子的实际情况为基础，不能远远超出孩子的能力范围。孩子现在能跳绳90个，那100~110个就是比较合适的目标，千万不要因为别的孩子跳150个，就要求自己的孩子立刻也要达到这个目标。更不要为了亲戚或者朋友家的孩子拿了多少奖，取得了怎样的成绩，就逼着自己孩子制定"期末成绩全班第一名"的目标，而应切合实际地确定目标，比如"比上学期多考20分"。

④目标是现实有结果的 -R（realistic）：

目标要以结果为导向。目标具有难度适中的挑战，让孩子需要付出一定的努力，最终看得见结果。比如，一个从没有读过英文小说的孩子，确立的目标是一个月读完一本英文小说，这样的目标显然是不现实的，也很难达到。

⑤目标是有时限的 -T（time-based）：

如何要孩子养成阅读的习惯，可以问孩子："你多长时间内读完三本书？"如果实现目标的期限太长，同样也起不到激励的作用。要把长期的目标分解成一个个短期的小目标。比如，到这个月底之前，我要背诵300个英文单词。

当然，孩子也需要长远的目标（比如考上心仪的大学、成为一名科学家等），但是这些目标常常太笼统和抽象，无法指导当下的行为。因此，要将长期目标和近期目标结合起来，使孩子的兴趣得到长远的发展。

Tips

智慧的父母都会引导孩子树立自己的目标，进行目标的管理。目标管理的三个步骤：确立目标，拆解目标，考核目标。如果孩子在学习的过程中，能够不断看到自己的努力变成了看得见的实际成果，那么他们就会产生成就感和自信心，激励自己去挑战下一个学习目标。

学员真实案例

好学生有好方法，有效提升孩子的学习成绩！

我是一名全职妈妈，家有三年级学生一枚。

人家都说，三四年级是孩子小学阶段的分水岭。这句话不假，我的女儿在一二年级成绩一直不错，但是到了小学三年级，成绩有所下滑。我很着急，有病乱投医，给女儿语数英都报了相关的课程，但效果却不明显。

直到崔老师点醒我，要注意女儿心态和学习方法的培养，因为三年级的学习对孩子理解能力和信息处理能力的要求更高了。我才意识到，不能仅仅把孩子推给校外辅导，而要在家庭教育中关注到女儿，帮女儿养成稳定积极的心态，同时，注意学习方法的培养。

在女儿平时的学习中，我会让女儿放学回来先运动20~30分钟，让孩子释放在学校的压力，同时给身体创造更多的快乐因子"多巴胺"。当孩子带着好情绪再学习的时候，果真，学习效率提升了不少。以前背一篇课文要花20分钟，现在15分钟就可以轻松搞定。

孩子还以为自己变得更聪明了呢!

我则抓住机会，给孩子种下"心锚"说:"宝贝，你现在的记忆力真的越来越好了，只要经常练习，注意总结方法，以后会记得越来越快。没准以后你也可以参加自己最喜欢的'记忆大师'的节目呢!"孩子听了特别地开心地说:"真的吗!"孩子后来背课文再也不抗拒了。

"番茄工作法"也让女儿受益颇多。以前女儿的专注力不够，写作业的时候经常一会儿找东西，一会儿要跟同学通话，忙忙碌碌，作业也没写好。跟女儿沟通后，我们开启了"番茄时钟"，每次写作业前，在孩子面前放好25分钟的沙漏。孩子说:"这样我想溜号走神的时候，就会提醒自己，再坚持一下，写完作业再做别的事情。"现在，孩子自己就会列作业清单，自己评估"番茄时间"，放上沙漏就安心学习了。

原来让孩子学习好，并不需要花大价钱让孩子上各种辅导班，只需要帮助孩子建立积极的学习心态，教给孩子用好的学习方法，孩子就能轻松提升成绩了!

· 笔 · 记 · 栏 ·

第 3 章

强化孩子的成就感，
让孩子"还想学"-I will

在心理学上，马太效应指的是一种两极分化的现象，即强者愈强、弱者愈弱。

马太效应的名字，取自一则寓言。

有一个国王要远行，于是分别给三个仆人相同的钱，要他们去做生意，等国王回来时，三个仆人再来见国王。

可是，等国王回来后发现，三个仆人的境况却大不一样。

第一个仆人，赚了 10 倍的钱，国王很高兴地奖励他 10 座城池。

第二个仆人，赚了 5 倍的钱，国王奖励了他 5 座城池。

第三个仆人，因为害怕把国王的钱弄丢，也不敢去做生意，只是小心翼翼地藏了起来。于是国王把他的那部分钱拿了回来，给了第一个仆人去赚更多的财富。

后来，心理学家把"马太效应"归纳为：任何个体、群体或地区，在某一方面（如金钱、名誉、地位等）获得成功和进步，就会产生一种积累优势，就会有更多的机会取得更大的成功和进步。

而马太效应也体现在家庭教育上。

当孩子有了积极的心态和积累了好的学习方法后，能力就会得到提升，成绩变得更好，进而获得成就感和满足感。在这个过程中，孩子又收到父母、老师及长辈的夸奖和鼓励，促使他们更有力量去挑战和探索新的知识领域，不断进步。

因此，想让孩子强者愈强，好上加好，就要让孩子持续体验到学习带来的自信心、成就感和满足感，从"我能行"到"我想学"持续循环，打造学习动力的自循环系统。

3.1 强化自信：相信自己能学好，才能真学好

当每个人在面对任务或困难的时候，都会对这些任务和自己的能力作出判断：我能否胜任这些工作？以我的能力能应付眼前的困难吗？

在生活中，有些孩子自信心不强，干什么事情都缩手缩脚。究其原因，是缺乏自信所致。很多时候，并不是因为学业太难使孩子失去信心，而是因为他们缺乏信心才觉得学习太难。

如果孩子有足够的自信心，也知道如何自我肯定，那么在做事时，就已经先成功了一半！

3.1.1　自我效能提升法：自我效能高，敢于挑战新目标

有些孩子在学习上自信满满，对未知的事物总是充满好奇心，跃跃欲试；而有些孩子则总是说："我不行！"，遇到困难就退缩，写作业时，优先做简单的题。对于难题，想不出来就放弃或者干脆连想都不想就跳过。

美国心理学家齐默尔曼指出：孩子以多大的精力和耐心达到目标，相比他的实际能力，可能更多地取决于他的自我效能感。

自我效能是指，人们对自身能否利用所拥有的技能去完成某项工作的自信程度，由斯坦福大学心理学家班杜拉提出。现在已经成为教育界的一个关键理念，被认为是决定孩子学业成就的重要因素。

自我效能感高的人，对自己的能力有足够信心，会选择更加具有挑战性的目标，并愿意为之付出更大的努力；自我效能感低的人，容易产生悲观情绪，害怕挑战，遇到困难容易放弃。

高效能感的孩子更加有学习动力，更容易取得学习成果。这些孩子倾向于想象与成功有关的情境，身心处于积极的状态，能够将自己的注意力集中，努力地解决问题，并能付出更多的努力。

低效能感的孩子与高效能感的孩子不同，学习能力和效率相对比较低。这些孩子往往会更多地想象到失败的画面，关注更多的是自身的不足，害怕困难和失败，这不仅会分散他们在解决实际问题时的注意力，而且在心理上会带来一定的痛苦和焦虑。

既然自我效能感如此神奇，那么孩子们学业上的自我效能感从何而来呢？

在孩子的成长过程中，自我效能感一般来自以下几个方面：

- 直接性经验——过往成功的体验；
- 替代性经验——对他人表现的观察；
- 言语说服——通过他自己的思考或者别人的劝说，确信自己能够做一些事情；

● 情绪状态——积极情绪或者消极情绪对自我效能水平的影响。

（1）直接经验

自己的成功体验对自我效能的形成影响最大。对于孩子来说，成功的经验会在很大程度上提高他在学业上的自我效能感。如果一个孩子在努力复习之后，考试中取得了好成绩，这种成功经验就会让孩子更加自信——自己是有能力学好的。如果一个孩子接连经历了失败或不如意体验，孩子学业的自我效能感会受到打击，因此不愿再付出努力。

（2）替代经验

通过观察身边的人，尤其和自己相似的人，他们是怎么做的，最后的结果是什么，从中获得一种自我效能的预期，这也是平时常说的"榜样的力量"。比如孩子的同伴解出一道难题，因为平时两个人成绩不相上下，所以孩子内心也相信自己也能解出这道难题，于是孩子会更加专心地投入到解题的过程中。

（3）言语说服

当我们遇到困难，并对自我能力产生怀疑时，如果我们信任的人或者非常敬佩的人给予我们积极的评价，那么也能提升自我效能感。比如，父母或者老师告诉孩子"你能行，你可以的"，这样积极的反馈，会让孩子更加对自己有信心。

（4）情绪状态

正常情况下，当人们身体很累、情绪低落时，自我效能感也会偏低。比如，当孩子处于焦虑或烦恼的状态时，会低估自己的能力，尤其是有些孩子在家写作业，经常遭到父母的批评和指责。久而久之，每次写作业就会高度紧张和忧虑，而这种消极的情绪会影响到孩子对于自身学习能力的评价。

在家庭教育中，父母应该如何培养和提升孩子的自我效能感呢？

1. 设立恰当目标，让孩子得到成功的体验

让孩子亲身体验到成功，是改变自我效能感最直接、有效的方法。如果孩子总是经历失败和挫折，比如考试成绩不理想，又受到父母的监督和责罚，那么就会感到无助、愤怒、自我评价降低，最终对学习的动机减弱到最低水平。

家长在帮助孩子一起设立学习目标时，一定要确保这个目标是孩子跳一跳就能够得着的，尤其是学习成绩较差的孩子。孩子刚开始学习新知识时，可以适当地降低考核标准，在孩子取得进步时，及时给予鼓励，让孩子记住这个"成功体验"。

女儿在上小学一年级的时候，计算速度比较慢。于是，我们约定每日做数学计算练习。一开始，我发现，当孩子错题比较多的时候，她会变得不耐烦，做题的积极性也受到了影响。于是，我找了一些简单的题目，让她练习，做对的题比较多。当她全部做对的时候，她特别高兴，在房间里蹦蹦跳跳，做题的积极性也很高涨，还嚷着要多做几道。

在孩子学习新知识的时候，先从容易的题目开始；观察孩子的学习兴趣，先从喜欢的学科开始写作业；做孩子的粉丝，让孩子每天给自己

讲一道题……

总而言之，设定一个个小目标，让孩子小步快走，通过不断地达成小目标来积累"成功"的体验，逐步提升孩子的自信心，提高自身能力，最终实现更高的目标。

2.树立好的榜样，为孩子积累替代性经验

当孩子不确定自己能否做到时，父母可以引导孩子通过观察别人获得的替代性经验来提高自我效能感。尤其当孩子看到与自己相近、相似的人成功，更能促进他的自我效能感的提高，增加实现同样目标的信心。他们会想："他都做到了，那我也一定可以做到。"

有没有发现，当孩子不敢攀岩的时候，如果看到旁边有个身高、年龄跟他相仿的孩子勇敢地爬上去了，那么这个害怕攀岩的孩子也会鼓足勇气去尝试。

所以，家长应该多鼓励孩子跟积极上进、勇于挑战的孩子交朋友，因为朋友间建立的认同感，会直接影响到孩子。

当然，也有不少家长有这样的困惑：每当让孩子向"别人家的孩子"学习的时候，孩子要么不屑一顾，要么就说自己根本达不到。这是因为，我们给孩子寻找榜样的时候，首先，这个榜样与自己孩子的水平要相当，如果两者差距太大，这会让自己的孩子觉得可望而不可即，就容易放弃，不愿意付出努力；其次，家长要引导孩子看到，这个榜样是如何一步步提升的，让自己的孩子学习榜样更好的方法和努力拼搏的精神，而不只是看结果。

3. 正面的言语评价，唤醒孩子的积极情绪

积极的言语对于孩子的行为有正向强化的作用，孩子经常得到家长正面的评价及肯定，是提升孩子自我效能感最简单，也是最容易操作的一种方式。

当我们评价孩子的时候，要特别注意，我们评价的是什么，切忌给孩子"贴标签"。当一个人被贴上标签时，他就会作出自我印象管理，使自己的行为与所贴的标签内容相一致。这种现象就称为"标签效应"。

心理学认为，之所以会出现"标签效应"，主要是因为"标签"具有定性导向的作用，无论是"好"还是"坏"，它对一个人的"个性意识的自我认同"都有强烈的影响作用，给一个人"贴标签"的结果，往往是使其向"标签"所喻示的方向发展。

一次战争中，某国由于兵力不足，决定组织关在监狱里的犯人上前线战斗。但是这些人纪律散漫，不听指挥，于是该国政府特派了几个心理学专家对犯人进行了战前的训练和动员，并随他们一起到前线作战。

心理学专家和他们谈话后，要求他们每周给自己最亲的人写一封信。信的内容由心理学家统一拟定，要他们照抄一遍就行了。信的内容大体是告诉他们的亲人，他们在前线如何勇敢表现，如何听指挥和创立了多少战功等。

这样坚持了半年后，奇迹发生了：这些士兵在战场上的表现比起正规军来竟然毫不逊色，真的像他们信中所说的那样服从指挥，

那样勇敢拼搏。

这个故事告诉我们，标签效应影响着人们的印象管理。正如美国心理学家贝科尔认为："人们一旦被贴上某种标签，就会成为标签所标定的人。"

在家庭教育中，父母要意识到孩子就像一张白纸，孩子的成长就像在用这张纸记录着父母的一言一行。所以父母一定不要轻易地给孩子贴标签，这会影响孩子的自我评价。

比如孩子写作业时，如果父母没耐心，忍不住批评孩子，说孩子"拖拉磨蹭，学不好，不是学习的料等"，孩子在父母长期的负面评价中，开始怀疑自己的学习能力，自我效能感开始降低。其后果是，孩子一写作业，就想起父母对自己"拖拉磨蹭"的评价，心里预期就是自己"怎么学也学不好"，最后致使孩子对写作业这件事变得消极、被动。

既然父母的负面评价会强化孩子的负面行为，降低孩子的效能感，那我们就需将其反过来，即父母对孩子做积极正面的评价，给予孩子信任和鼓励，强化孩子的自信心，循序渐进培养孩子的自我效能感。

（1）积极评价孩子的具体行为

当孩子做了某件值得鼓励和赞美的事情时，家长要非常具体地进行表扬。

比如，孩子胆小，不敢在课堂上回答老师提问，家长可以在孩子放学回家后跟孩子聊聊学校的事儿，问问孩子今天老师提问了吗，孩子有没有回答问题。

当孩子说自己有举手回答时，妈妈可以故作夸张的崇拜的表情说："哇！你在课堂上积极回答老师问题，老师一定觉得很高兴，也一定很喜欢你。"或者说："能在课堂上大声回答问题，这很不容易做到呢，你真的很棒！"

逐渐引导孩子关注到自己的表现，让孩子对自己更有信心，用积极的评价激发孩子的学习热情。

（2）积极评价孩子的努力过程

孩子在学习上不自信，有时是因为能力达不到。如果父母及时注意到这一点，引导孩子找到好的学习方法，当看到孩子努力去做到时，给予鼓励，孩子的变化会越来越让家长惊喜。

一位妈妈说，自己的孩子每次做阅读题，就直接放弃。问孩子为什么，孩子只是说自己读不懂，不会，就空着了。

后来妈妈就带着孩子一起做，带着孩子读题，引导孩子从文章中找答案。当孩子找到答案时，妈妈就鼓励孩子说："这样的题，过去你都是空着，现在经过认真阅读文章，找到了问题的答案，这是你自己努力的结果！"

这让孩子们知道做对题是他们努力得来的，增强了他们今后挑战做题的信心。以此类推，在孩子学习中，父母都要看到孩子的点滴进步，给孩子的努力提供及时的积极反馈。

比如，孩子写作业拿给父母看，父母不要简单地说"真棒！"这类概述性的词汇，而应该表扬的具体些，比如"你看你的字现在写得很工整，尤其是这个字，横平竖直，可以看出来你写得非常认真。"或者说："这次写得很认真，妈妈看见你一直低头写字，头都没抬，这就是专注呀。"这样不断表扬孩子某方面的能力，就可以大大强化这方面能力的自我效能感。

在孩子学习成长中，他们也许会犯错误，也许会有懈怠的时候，但他们永远不会忘记父母的鼓励和支持。如果你信任你的孩子，他们也会信任自己。

当父母情绪稳定，总是给孩子正面的评价和肯定，也会给孩子做出正面示范，帮助孩子培养出积极稳定的情绪。一个能够控制自己情绪的人，拥有比较高的自我效能。

Tips

孩子的自我效能感对以后成长道路影响很大。增加孩子的自我效能感，是一个挖掘孩子长处，让孩子有充分展示自己能力的成功体验，同时为孩子找到一个"榜样"去强化孩子的学习自信心，在这期间，父母对孩子的积极肯定，言语的支持和信任，能帮助孩子尽早提升自我效能感。

3.1.2　有效鼓励法：鼓励三句式，唤醒孩子心底的巨人

苏格拉底说过："所谓教育就是把一个人的内心真正引导出来，帮助他成为自己的样子。"

1. 什么是鼓励式教育

鼓励式教育是让孩子有自信，激励孩子成为更好的自己的最重要和最有效的手段。许多孩子在学习上落后或者厌学，其根源在于自信心的丧失。实际上，即使那些学习很差的孩子，只要我们能重新燃起他们内心自信的火种，他们都是完全可以赶上去的。

1960 年，哈佛大学罗森塔尔教授曾做过一个著名的心理实验。

新学期，校长告诉两名老师："你们是学校最优秀的老师，作为奖励，有一批经过智商测试，表现极优的孩子会成为你们的学生。"两名老师很高兴，教学更加努力了，一年后，他们班级的学生成绩优异，在整个学校出类拔萃。实际上，这两位老师只是随机选择出来的，而这批"聪明的孩子"也只是随机抽选出来的普通学生而已。

老师是普通的老师，学生是普通的学生，但最后的教学结果却产生了神奇的效果，为什么会出现这样的现象呢？

这是因为老师的期望起到了至关重要的作用。老师坚信那些被选出来的孩子很优秀，日后大有出息，于是眼神和言语中满是鼓励和赞赏。反过来，这些孩子的自信心也得到了充分地调动，因而进步得非常快。这种在期望下产生的效应称为"皮格马利翁效应"。皮格马利翁效应认为：你期望什么，你就会得到什么。

作为父母，你所说出的话，都会像一把雕刻刀一样，雕饰着孩子的行为。所以，家长应该对孩子进行正向教育。而最简单的正向教育，就是赞赏和鼓励孩子。

心心是个一年级的孩子，一开始，她并不喜欢数学。于是爸爸就每天都抽出时间陪孩子玩 10 分钟扑克牌计数游戏。一开始，爸爸故意在游戏中计算得很慢或者犯错，让心心赢得比赛。每次，心心赢得比赛时，爸爸都会故意夸张地说："哇！这么快就计算出来了，看来咱们的心心很擅长数学计算呢！"半个月过去了，心心不仅计算又快又准确，而且对数学的兴趣越来越浓厚了。

这就是巧妙地用积极鼓励的方法，在学习和兴趣之间帮孩子架起了一座桥梁。当孩子做过尝试之后，发现自己原来可以做得很好，就有了自信心。而自信心，将让孩子充满勇气去做更多挑战。

如果父母期待自己的孩子自信自律，对学习有兴趣，就要带着这样的期待在孩子的教育过程中去欣赏孩子，鼓励孩子。如果孩子在遇到学习上的困难、挫折时，父母能给最大限度地信任，能给孩子恰当的鼓励，能让孩子潜移默化受到影响，从而认可自己，那么这个孩子就会越挫越勇，朝着好的方向去发展和努力。

2. 父母是孩子的"催眠师"

美国教育家卡耐基曾说："使一个人发挥最大能力的方法是赞赏和鼓励。"孩子需要父母的鼓励，有效的鼓励使孩子有胆量去面对人生的挑战，学习的挑战。

有这样一位妈妈，她第一次参加家长会，幼儿园的老师告诉她："你的儿子有多动症，在板凳上连三分钟都坚持不了，你最好带他去医院看一看。"

回家的路上，儿子想知道老师都说了些什么，只见他的妈妈鼻子一酸，差点流下泪来。因为全班22位小朋友，他的表现最差。

然而，她蹲下来，看着孩子的眼睛告诉他："老师表扬你了，说宝宝原来在板凳上一分钟都坚持不了，现在能坚持三分钟了，宝宝进步了。"那天晚上，她儿子破天荒吃了两碗米饭，并且没让她喂。

儿子上小学了。家长会上，老师说："这次数学考试，全班42名同学，你儿子排第40名，我们怀疑他智力上有些障碍，您最好能带他去医院查一查。"

回家的路上，她流下了泪。然而，当她回到家里，却对儿子说："老师对你充满信心。他说了，你并不是个笨孩子，只要能细心些，会超过你的同桌，这次你的同桌排在第25名。"

说这话时，她发现儿子黯淡的眼神一下子充满了光，沮丧的脸也一下子舒展开来。她甚至发现，儿子好像长大了许多。第二天上学，去得比平时都要早。

孩子上了初中，又一次家长会。她坐在儿子的座位上，等着老师点她儿子的名字，因为每次家长会，她儿子总能被点到。然而，这次却出乎她的预料——直到结束，都没有听到老师叫她儿子的名字。

她临走时去问老师，老师告诉她："按你儿子现在的成绩，考重点高中有点危险。"

她怀着复杂的心情走出校门，回家路上她告诉儿子："班主任对你非常满意，他说了，只要你努力，很有希望考上重点高中。"

高中毕业了。第一批大学录取通知书下达时，学校打电话让她儿子到学校去一趟。她有一种预感，估计儿子被清华录取了，因为在报考时，她跟儿子说过，她相信他能考上这所大学。

儿子从学校回来，把清华大学录取通知书递到妈妈手里，然后转身跑到自己的房间里大哭起来，边哭边说："妈妈，我知道我不是个聪明的孩子，可是，这个世界上只有你能欣赏我……"

这个故事给我们的启发是：在家庭教育中，父母给孩子的潜意识输入的是什么，将决定孩子的一生。

但事实上，很多时候，家长们并不关注孩子的内心世界，不去鼓励欣赏孩子，反而只看到孩子的成绩。成绩好了，家长兴高采烈，恨不得给孩子世界上最好的礼物；成绩不好，家长马上就变脸了，对孩子失去耐心，不是批评指责，就是讥讽侮辱。比如，有些父母经常批评自己的孩子，诸如"你真笨""你真没出息""你就是不爱学习不爱读书""你写的字真难看""你做事总是不认真"，等等。家长自认为自己是爱孩子的，这样说是在帮助孩子改正错误，但是却没有意识到，这些负面的批评和暗示被输入了孩子的潜意识，使得孩子最终真的成了"笨孩子""没出息的孩子""不想读书的孩子""字写得难看的孩子"……

3. 有效鼓励孩子的三种句式

在训练营中，我曾让家长写出孩子的 10 个优点和缺点。大部分家长都很"擅长"发现孩子的缺点，写起来"一气呵成"，但是在写优点的时候，却半天也想不出来，甚至说："我的孩子根本没有优点呀！"

但是孩子身上怎能没有优点呢？不过是父母太急于求成，用功利心去衡量孩子的"好"和"坏"。

也有很多父母会苦恼：我一直在鼓励孩子呀，怎么效果却不明显呢？有一位妈妈说："只要孩子有进步，我就夸奖他，为什么这个孩子还是没自信呢？这次考试，直接交了白卷！我问他，他却说写了也是错的，不如省点力气，不写了。"

为什么会出现这种情况呢？我们来对夸奖孩子的方式做个比较：

第一种：

> 你可真棒！
> 你真聪明，这么快就做出来了！
> 你真是个好孩子，真乖！

第二种：

> 这是你自己努力的结果！
> 虽然这道题很难，但是你自己努力做出来了，你真应该为自己骄傲！
> 你自己找到了解决问题的方法，只要大胆尝试，我相信你可以做得到！

如果你是孩子，听到这两种夸奖的方式，你的感受是什么？会更喜欢哪一种呢？

第一种方式从严格意义上来说，是表扬而不是鼓励。我们过度表扬孩子聪明、很棒，会让他们"压力山大"，甚至会逃避比较有挑战的任务，以维持在家长眼中的优秀形象。所以表扬就像糖果，孩子喜欢吃，但长期吃会蛀牙。而鼓励则不同，对于孩子，就像植物需要水一样。

对于表扬对孩子的影响，斯坦福大学的发展心理学家卡罗尔·德韦克更是用了10年时间进行了深入研究。

卡罗尔·德韦克和她的团队对纽约20所学校，400名五年级学生做了长期的研究，这项研究结果令学术界震惊。

在实验中，他们让孩子们独立完成一系列智力拼图任务。首先，研究人员每次从教室里叫出一个孩子，进行第一轮测试。测试题目是非常简单的智力拼图，几乎所有孩子都能相当出色地完成任务。每个孩子完成测试后，研究人员会把分数告诉他，并附上一句鼓励或表扬的话。

研究人员随机地把孩子们分成两组，一组得到的是一句关于智商的夸奖，即表扬，比如，"你在拼图方面很有天分，你很聪明。"

另外一组孩子得到是一句关于努力的夸奖，即鼓励，比如，"你刚才一定非常努力，所以表现得很出色。"

为什么只给一句夸奖的话呢？德韦克解释说："我们想看看孩子对表扬或鼓励有多敏感。我当时有一种直觉：一句夸奖的话足以看到效果。"

随后，孩子们又参加了第二轮拼图测试。

有两种不同难度的测试可选，他们可以自由选择参加哪一种测试。一种较难，但会在测试过程中学到新知识。另一种是和上一轮类似的简单测试。结果发现，那些在第一轮中被夸奖努力的孩子中，有90%选择了难度较大的任务。而那些被表扬聪明的孩子，则大部分选择了简单的任务。由此可见，自以为聪明的孩子，不喜欢面对挑战。

为什么会这样呢？

德韦克在研究报告中写道："当我们夸孩子聪明时，等于是在告诉他们，为了保持聪明，不要冒可能犯错的险。"这也就是实验中"聪明"的孩子的所作所为：为了保持看起来聪明，而躲避出丑的风险。

接下来又进行了第三轮测试。

这一次，所有孩子都参加同一种测试，没有选择。这次测试很难，是初一水平的考题。可想而知，孩子们都失败了。先前得到不同夸奖的孩子们，对失败产生了差异巨大的反应。那些之前被夸奖努力的孩子，认为失败是因为他们不够努力。德韦克回忆说："这些孩子在测试中非常投入，并努力用各种方法来解决难题，好几个孩子都告诉我：'这是我最喜欢的测验。'"而那些被表扬聪明的孩子认为，失败是因为他们不够聪明。他们在测试中一直很紧张，抓耳挠腮，做不出题就觉得沮丧。

第三轮测试中，德韦克团队故意让孩子们遭受挫折。接下来，他们给孩子们做了第四轮测试，这次的题目和第一轮一样简单。

那些被夸奖努力的孩子，在这次测试中的分数比第一次提高了30%左右。而那些被夸奖聪明的孩子，这次的得分和第一次相比，却退步了大约20%。

德韦克教授很严肃地指出：赞美孩子的天赋而非他的努力、策略和选择，可是在慢性地扼杀他的成长型思维。

鼓励，即夸奖孩子努力用功，会给孩子一个自己可以掌控的感觉。孩子会认为，成功与否掌握在他们自己手中。

反之，表扬，即夸奖孩子聪明，就等于告诉他们成功不在自己的掌握之中。这样，当他们面对失败时，往往束手无策。

哥伦比亚大学的一项研究也表明：一个被表扬很聪明的孩子，不愿意冒险，担心犯错误，而那些因为努力而被鼓励的孩子更愿意接受挑战。

经常被夸"聪明"的孩子，他们会这样推理：我很聪明，所以，我不用那么用功。他们甚至认为，努力很愚蠢，等于向大家承认自己不够聪明。当他们面对问题时，如果无法解决，他们会归因于自己"不够聪明"，从而不愿意继续尝试。

而经常被鼓励"努力"的孩子，更容易培养出成长型思维，做事不易放弃，更加注重努力的过程，愿意不断地尝试以追求进步。

所以，无效的鼓励，达不到预期的效果。鼓励方法用对了，就会事半功倍，孩子会更有自信，更有兴趣去探索知识的未知世界。

鼓励孩子的正确方法有以下几种：

（1）描述细节或事实

在练习时，可以使用句式：我看到……

鼓励孩子做好一件事，不能只说"很棒""很不错"，应该鼓励细节。

> "我看到你把自己的房间/书桌收拾整理得很整齐！"
>
> "尽管很难，但我看到你一直没有放弃……"
>
> "我看到你很尊重别人的意见，这点做得非常好。"

比如，孩子画了一幅画，喜滋滋地拿到你面前让你看。

如果我们只是敷衍式点赞，干巴巴地夸孩子"画得真棒"，孩子也许一开始会高兴，但也会感受到我们的敷衍和没有耐心。随着孩子一天天长大，他们想跟我们沟通交流的需求没有得到满足，就会变得越来越沮丧和失望。慢慢地，我们会发现，孩子们不再征求我们的意见，也不再期待得到我们的鼓励了。

正确的做法是：仔细看看孩子的作品，用这幅画的具体内容来表扬孩子，比如："嗯，我看到这里的上色很有层次感呢！"或者"呀，妈妈看到你画的变形金刚跟我们上次在超市看到的一模一样啊，说明你当时用心观察了呀。"这样，孩子就知道你是真的看了他的画，也是真心喜欢他的画，以后会更加用心地画，争取画得更好。

其实，在教育孩子时，这样的细节还有很多。比如：孩子作业写得工整；孩子写完作业后没有去玩，而是拿出书来安静地阅读；孩子在放学后赶紧写作业……

即使不是孩子每次都这样做，但是如果父母善于发现孩子的这些细节，发现孩子的点滴进步，在鼓励孩子的时候，有内容、有细节，会让孩子们真切感受到父母对自己的关注和爱，更能够激发孩子的自信心和积极性。

（2）感谢孩子的努力和付出

在练习时，可以使用句式：感谢你……或者谢谢你……

父母从小教导孩子：要学会感恩。当得到别人帮助的时候，要表示感谢。但是，父母却很少对孩子表示感谢，是吗？其实，每个人在家庭中、社会中都在谋求"价值感"，孩子也不例外。并不是孩子真的想要得到父母的感谢，他们只是想确认自己做的事情是正确的、有意义的，对父母来说是有帮助的，也证明自己是有价值的。

所以当孩子主动做事或者帮忙时，父母一定要及时表达感谢：

"谢谢你宝贝，帮妈妈擦干净桌子。"

"妈妈要感谢你，今天帮妈妈提东西，不然妈妈自己真的拿不动那么多东西！"

"宝贝，谢谢你这么努力，不用妈妈操心，让妈妈可以全身心工作。"

"你写作业，妈妈在旁边看书，谢谢你的陪伴！"

我经常在女儿睡前跟她总结一天的三个优点或者"亮点"，对她表示感谢："谢谢你，我的女儿，自己做好作业，让妈妈不用分心，有时间去完成自己想做的事情。"

这样的感谢，既让孩子们感受到自己的价值，促使孩子进步和努力，同时也是一种最好的示范，让孩子看到父母的教养和教导方式，他们也会学会感谢。

（3）信任孩子赋予其能量

在练习时，可以使用句式：我相信你……

信任是双向的，不信任孩子的父母，也会一点点失去孩子的信任。

我听到有些家长说："我的孩子根本不可能自己安排好时间，他就是拖拉的孩子。"还有的家长在孩子学习时，安装监控，定时查岗，总而言之，父母认为自己的孩子是没有自制力的。

但其实，当一个孩子不知道自己为什么而学习，没有内驱力，即使父母24小时监督，他还是不会学。反而当父母足够信任孩子，给孩子决定权和选择权，孩子才会培养出自我管理的能力，更加自信。

在孩子的成长路上，父母的任务更多是陪伴与鼓励，而绝不是"监视"。所以父母可以这样说：

> "我相信你可以自己安排好时间，你想几点完成作业呢？"
>
> "我相信你并不是真的想撒谎，而是怕妈妈责备你，是吗？"
>
> "我相信你的自制力，这25分钟的时间，你可以做完作业清单上的作业。"

一位妈妈说，自己的儿子喜欢玩游戏，母子之间也经常因为游戏时间发生争吵。妈妈学习了鼓励的方法之后，有一天，在孩子做完作业要玩游戏时，妈妈问："你准备玩多久呢？"孩子说："半个小时。"妈妈说："好，妈妈相信你可以自己安排好时间。"便不再多说，孩子一下子愣在那里。

过了半个小时，孩子自己就停了下来，主动去看书了。后来母子俩聊天，她问孩子，为什么可以做到自觉了。孩子说："妈妈，我觉得你都说相信我了，我不好意思让你失望。"

可见，不是孩子真的无视父母的想法，而是有时候父母指责太多，唠叨太多，孩子产生了逆反心理。当孩子感受到父母的信任时，就能逐渐体会到要为自己负责了。

也许这个方法不一定每次都立刻见效，但是父母对孩子的尊重和信任，是孩子力量的源泉。只要经常练习，孩子们一定可以看到自身的力量，从而培养出为自己负责的自控能力。

无论哪一种鼓励方式，家长可以灵活运用，记住：在养育孩子的过程中，鼓励比任何方法都重要。

Tips

有效鼓励孩子的三个句式：
- 我看到……
- 谢谢你……或者我感谢你……
- 我相信……

3.1.3 最近发展区期待法：告别揠苗助长，设置合理期待

一对母女找到我咨询。女儿叫天骄，是个聪明伶俐的孩子，马上就要参加小升初。因为平时女儿的成绩处于中上水平，所以妈妈觉得要让孩子在最后一年加把劲，冲刺一下。于是妈妈和爸爸商量后，给孩子做了一份学习计划。

哪里想到，自从开始这个"魔鬼式"的学习计划，孩子埋头苦读，整天叫苦不迭，而且学习成绩不升反降了。孩子对学习变得越来越没有自信，父母也跟着着急，于是在升学压力下，全家经常是鸡飞狗跳。不得已，妈妈带着女儿来找我，希望解决孩子的学习问题。

我发现，父母给孩子制定的学习计划中，孩子一天除了吃饭睡觉，几乎没有娱乐时间或者自主安排的时间。父母为了让女儿"拔高"，还给孩子安排各种名校试题、难题……

显然，父母对孩子这样的高强度培养方式是行不通的，忽视了孩子本身的能力水平，单纯用时间来换成绩，用难题来"拔高"孩子的水平，这违背了"最近发展区"的理论。

"最近发展区"理论是由著名教育家维果茨基提出来的。他把"最近发展区"界定在"儿童现有的独立解决问题的水平"和"通过成人或

更有经验的同伴的帮助而能达到的潜在的发展水平"之间的区域。

维果茨基说："如果儿童在最近发展区接受新的学习，其发展会更有成果。在这个区内，如能得到成人的帮助，儿童就比较容易吸收单靠自己无法吸收的东西。"换言之，儿童的发展主要是通过与成人或更有经验的同伴的社会交往而获得的。

在最近发展区给孩子设立目标，让孩子"跳一跳"就能够得着，同时教授给孩子知识和技能，孩子更有兴趣学习，更乐意接受挑战。当孩子达成目标，有了兴趣和成就感，对学习的自信也就是自然而然的事情了。

"最近发展区"在体育训练中应用广泛，即教练给学员的训练任务不能太简单，但也不能太难，不然孩子感觉努力没有意义，会丧失兴趣。所以，给孩子的任务，一定是孩子可以付出一定努力，就能完成的，这样孩子会渴望不断的突破。因为最近发展区是动态的，当孩子一次又一次突破自己，会不断向新的目标迈进，取得更大的成就。

那么，在家庭教育中如何确定孩子的"最近发展区"？

1.检视父母的养育类型

父母的养育类型不同，对孩子的期待和评价也不同。比如，有的父母说："孩子的学习不用管，全凭自觉。我们什么也不懂，也管不了！"

有的父母说："孩子还小，什么都不懂，作为父母，我们当然有责任帮他安排好！"

还有的父母说："孩子是独立的个体，作为父母，我们要尊重他的想法，引导到正确的方向，决定权在孩子自己手里。"

你是哪一种类型的父母呢？

（1）放任型父母

放任型的父母不干预孩子的学习，一切都交由孩子自己安排。比如有位妈妈说："我对孩子的学习从来不管，学习是他自己的事情，他要为自己负责。"

这句话，乍一听很有道理，但是，在孩子成长中有很多时候，需要父母来指导方向，帮助孩子培养好的习惯。如果父母从不干预，也会导致孩子自己尝试失败之后，选择自动放弃，甚至因为害怕而拒绝再去学习。

如果父母在孩子成长中，没有及时起到引领孩子的作用，孩子有可能会慢慢迷失方向，甚至误入歧途。

（2）"直升飞机型"父母

这类父母也被称为"包办型"。即对孩子全方位呵护，无论是生活还是学习，事无巨细都要包办管理。

但是，在孩子的成长过程中，家长想用自己的能力替孩子安排好一切，反而让孩子慢慢丧失自我管理的能力，最后变成只听妈妈话的"乖孩子"。如果父母一直都是孩子身边的"保护伞"，这样的做法可能导致孩子过于依赖父母，一旦脱离父母的"保护区域"，就像一个无助的小婴儿，缺乏独立思考能力和行动力，经不起挫败。

"直升飞机型"的父母往往对孩子的期待比较高，给孩子设定的目标也会比较高，远远超乎孩子的能力水平，让孩子总有力所不能及的感觉，自我效能感严重降低，最终可能会自暴自弃。

（3）教练型父母

这类父母既不包办，也不会放任不管，而是在孩子成长中如教练一样，引领孩子，在孩子需要的时候，适时提供建议，保证孩子少走弯路。既不会抓牢孩子的手，让孩子没有自主权，也不是完全放手，让孩子没了指引和方向，而是陪伴孩子成长。

教练型父母在陪伴中，会观察孩子的能力水平，与孩子平等沟通，跟孩子一起确定其"最近发展区"，让孩子不断跳出自己的"舒适圈"，在"最近发展区"学习新的知识和技能，对自己的学习和能力充满信心！

比如，一个孩子搭积木，玩得开开心心，完全不需要大人的帮忙，那么这就是他的舒适圈，无须父母的介入。

如果积木游戏难度过大，远远超乎孩子当下年龄的能力，孩子迟迟完不成任务，甚至有了焦躁的情绪，那么这就超出了孩子的舒适圈。

在孩子现有水平和期待水平之间，就是最近发展区了，需要父母及时出手，帮助孩子重新确立目标，提升技能，顺利过渡。

2. 因材施教，确立发展目标

家长一定要意识到：孩子的能力有高低之分，因而最近发展区也不一样，切忌与别人家的孩子做比较，武断地给孩子确立目标。当然，也不能低估孩子的实际水平，确立过于简单的学习目标。要取中间值，即可以比孩子现有的学习水平高出一点，如果孩子乐于挑战，本身自信心也比较强，可以适当加大难度，跟孩子讨论后再确定下来。

除了孩子本身的性格因素影响，还要看孩子的其他能力，比如推理能力、逻辑能力。假如，同样都是一年级的孩子，如果家长认为年龄相同，那么学习水平应该也相同，确定的最近发展区也应相同，那么结果可能会让家长失望。因为有的孩子可能很擅长逻辑推理，通过启发或提问，孩子可以答出超乎自己年龄的题目。但有的孩子，因为从未经过这样的训练，就只能答出符合自己年龄的题目。下面，我们来看一个案

例 "摘苹果实验"。

心理学家将一群学生随机分成两个小组，让他们各自摘悬挂于半空中的苹果。

第一小组的学生，让他们一开始就去摘悬挂高度超过自己跳跃能力的苹果；

第二小组的学生要摘的苹果，则悬挂在他们通过努力跳跃就能摘到的高度，然后再逐步提高苹果的高度。

心理学家认为：又红又大的苹果对两个小组的学生的诱惑力是相同的。因此，实验开始时两个小组的学生都非常兴奋，都不断地去尝试，不断跳跃着去摘苹果。

第一小组的学生根本摘不到苹果，因为悬挂的高度远远超过了他们的跳跃极限；而第二小组的学生不仅摘到了不少苹果，保持着刚开始的激情，而且跳跃能力也有很大的长进。

心理学家紧接着让两个小组的学生都摘同样高度的苹果，结果第一小组的学生懒洋洋的，他们中的多数人走过场地应付几下，明显失去了兴趣；

第二小组的学生则充满活力和激情，他们不断跳跃，而且跳跃的平均高度明显高于第一小组。

这说明，在教育上家长要注意到孩子的实际水平和能力。但原则是：超出 "最近发展区" 之外的目标对于儿童来说是无效的、困难的；相反，降低 "最近发展区" 水平的目标将是枯燥乏味的，限制了孩子的能力发展。只有适合孩子最近发展区的目标才是有效的。

有些孩子厌学，与父母给孩子安排了超乎能力范围的任务有很大关系。父母过于焦虑孩子的竞争压力，很多时候，要么让孩子接受 "提前" 教育；要么就是给孩子安排了严密的时间计划，让孩子从早到晚学习，完全不考虑孩子应该劳逸结合。

长期下来，当孩子没办法完成任务，出现畏难心理时，对学习就产生了排斥。一旦孩子觉得其他东西比学习有趣得多，就很难愿意安静坐在书桌前了。比如，有些孩子，在小学的时候，还能乖乖完成父母布置的任务，但是上了初中，独立意识增强，尝试到新事物之后，就没办法全心全意投入在学习上了，有些孩子开始沉迷于游戏，在其中寻找成就感和兴趣。

我的一位朋友，她的女儿十分优秀，因为她在孩子教育上非常用心，从孩子一年级入学开始，妈妈就注意为孩子设立合理的目标。

比如语文，每天早起朗读课文、背诵古诗；

比如体育锻炼，每天做仰卧起坐和跳绳。

因为目标设置合理，孩子能看到自己每天的进步，加上父母会及时提供支持和指导，孩子坚持下来，各方面提升很快。

当有朋友问到她的育儿经验时，她微笑着说："其实我没有什么秘诀，主要是我给她设立的目标都是小目标，难度不大，够一够就能得到，所以她越来越有自信，越来越能独立完成了！"

"最近发展区"的核心，是找到孩子经过努力就可以达到的一个高度，再帮他们把目标分解开来，指引孩子通过自己的努力和学习，最终将其圆满完成。对于小目标，我们还要让它既有挑战性又有可行方案，在此基础上明确行动计划才能让孩子持续行动。这样每一个小进步都是可以看到的，无须很久就可以实现，会给孩子持续的喜悦感和胜利感，让孩子受到鼓舞。

3.适度扶持，适时放手

在"最近发展区"理论中，父母的作用不容忽视。因为它强调的是：儿童的发展主要是通过与成人或更有经验的同伴的社会交往而获得的。

就像人们过河时，如果没有桥，就要借助大块小块的石头过去。尽管找的石头大小可能不同，但是目标都是过河。这时候，父母给孩子的支持和帮助，就像一块块石头。如果父母的教育方法得当，引导得当，孩子就能脚踩"大石头"又快又稳地到达对岸；如果父母没有及时伸出援手，或者给孩子的帮助微乎其微，那么孩子过河就会有些慢，有些艰难。

比如给孩子进行数学口算的训练。

一开始，孩子可能连很简单的题目都会做错。父母及时给予孩子帮助，比如用实物做出演示，帮助孩子理解。这样的帮助，就是有效的帮助。

在孩子的养育中，父母也要懂得什么时候放手。

如果一味地给孩子提供帮助，而不启发孩子思考，辅导过细，孩子就会形成依赖。一遇到不会的题目，孩子嘴里就喊着"妈妈，妈妈……"需要妈妈帮忙，自己根本不思考，更谈不上独立解决问题了。

所以，当下一次，你的孩子又拿简单问题来问你的时候，你可以引导孩子："你是怎么想的呢？"或者跟孩子说："我们一起来查一下，看看有没有解题的思路吧。"当家长逐渐退一步，学会放手，孩子们会渐渐学会遇到问题先自己独立思考。

> **Tips**
>
> 　　家庭教育中，父母应遵循"最近发展区"理论，帮助孩子合理制定学习目标和计划，站在孩子的角度，了解孩子的现有发展水平，并通过父母的指导和提供经验，让孩子发挥潜力，从而帮助孩子健康成长和爱上学习。

3.1.4　逆商培养法：即使遇挫，也能逆风飞扬的能量

　　一天，一位妈妈的留言吸引了我，她说："老师，我的孩子抗挫能力特别差。无论是在生活小事上，还是在学习上，他都争强好胜，不允许自己失败。如果失败了，他会非常失落，连续几天都提不起精神。"

　　其实，也有很多妈妈跟我反馈过自家孩子"输不起"。比如，有的时候，小朋友们一起玩搭积木，如果自己的孩子搭积木没有别的孩子搭建得高，没有别的孩子搭得漂亮，他会气得一把推倒积木，不玩了。

　　还有的时候，老师给小朋友出数学口算题，如果孩子算不出来，就背过身去，或者扭头走开，不再进行口算训练了……

　　孩子出现这些情况，往往跟逆商有关系。逆商（逆境商数，Adversity Quotient，简称AQ），也称挫折商或逆境商，指人们面对逆境时的反应方式，即面对挫折、摆脱困境和超越困难的能力。

　　在生活中，我们会发现，逆商高的人，在逆境中不会被轻易打败，反而处理问题的能力越高，越能够摆脱困境。逆商也是衡量一个人承受挫折能力高低的标准，逆商越高的人承受挫折能力越高，遇到挫折时产生的挫折感越低；而逆商低的人，承受挫折能力也低，产生的挫折感也强烈。

在家庭教育中，有些孩子缺乏独立自主的能力，一遇到困难和挫折就产生畏难情绪，甚至是一蹶不振，变得很自卑。就像本小节一开始提到的孩子，只许自己成功，却接受不了自己失败。一旦发现自己较难胜任一项任务，就退缩逃避。因而，父母想让孩子变得更加自信，就不要忽视"逆商"的培养。

父母应如何帮助孩子培养逆商？

1. 无条件接纳

父母急于让孩子学会接纳那个不完美的自己，其实，是父母先要学会接纳，接纳孩子的犯错，接纳孩子此刻因为自己做得不够好的情绪，然后鼓励孩子。

当孩子的玩具丢了，孩子哭着说："妈妈，我最心爱的玩具熊丢了。"

妈妈不要说："丢了就丢了，没什么大不了的。"

而正确的说法是："嗯，玩具熊是你的小伙伴，丢了你一定很难过。"（接纳孩子的情绪）

当孩子数学题没做对，沮丧地说："这种题，我怎么也做不对！"

妈妈不要说："不要紧，题不难，就是没看清而已嘛！"

正确的说法是："这种题是很难，不如我们一起来找找书上是否有类似题型吧。"（鼓励孩子继续尝试）

当孩子成绩差，被老师批评了。

妈妈不要说："你早就应该努力了，现在被老师批评了吧。"

正确的说法是："你是一个好孩子，老师批评你，仅仅是因为这次的成绩不令人满意，并不是否定你。"（不要否定孩子的品质）

父母不仅要在言语上给孩子支持和鼓励，而且还应通过给孩子一个拥抱或者一个鼓励的眼神，或者拍拍孩子的肩膀，给他鼓励。

让我们来看下面这个故事中妈妈是怎么做的。

一次在上班期间，妈妈收到儿子班主任的信息，说孩子在这次考试中不及格。妈妈当时很生气，但后来冷静下来。

下班后，她特意去蛋糕店买了儿子最喜欢的蛋糕带回家。

儿子看到蛋糕，本来沮丧的脸上，有了一丝惊讶，他问妈妈："妈妈，今天家里没有人过生日，也不是节日，是要庆祝什么吗？"

妈妈说："这个蛋糕是妈妈特意买给你的。"

儿子立刻低下了头，喃喃地说："妈，我这次考试没考好。"说完，眼泪就流下来了。

妈妈拉着儿子的手坐在沙发上。她说："我都知道了。"儿子听了，更惊讶了，问妈妈："妈妈，你都知道了？那你不是应该生气的吗，为什么还给我买蛋糕？"

妈妈笑了："对呀，就是给你买的！你想呀，如果你考试成绩很好，这本身就是你自己给自己的奖赏了。但是如果你的成绩并不理想，你自己已经很难过了，难道妈妈不应该来安慰你吗？"

儿子一听，眼泪又流了下来，哭着说："妈妈，以后我一定努力学习！"

妈妈说："一次失败并不代表一生的失败，学习可是终身的啊。这一次考试成绩不好，我们一起找原因，赶上去就是了，你说呢？"儿子肯定地点点头。

这位妈妈的做法，巧妙地帮助孩子正视考试的失利带来的挫败感，给了孩子无条件地接纳和支持，让孩子没有被一次失败而打垮，很快复原。

2. 鼓励孩子释放负面情绪

有的孩子在学习上遇到困难，情绪反应强烈。父母在接纳孩子情绪的同时，也要引导孩子学会释放情绪。

在各种各样的情绪反应中，最能让人变得无助的反应是"灾难化"，即把日常的小问题、小挫折想成大挫折，把大挫折想成极具危害性的灾难，从而让人灰心丧气，失去掌控感。

如果孩子缺乏释放情绪的方式，会容易钻牛角尖，被灾难化思维左右。父母可以让孩子发泄，但也要鼓励孩子用恰当的方式释放情绪、管理情绪，教会孩子勇敢面对内心的脆弱，处理好自己的情绪。

父母可以给孩子讲一个关于自己的挫折故事，并安慰孩子"你的感受我可以理解，这种情况下，真的会很难过。"让孩子了解到，有挫败感是很正常的，然后一起讨论解决问题的有效办法。

3. 为孩子创造"吃苦"的机会

想让孩子在学习上有面对挫折的能力，有自信面对繁重的学业和考试，父母还要多提供生活中"吃苦"的机会。

很多父母不舍得让孩子吃苦，所以一切事情都替孩子安排好了。孩子在生活中从未经历风雨，突然在学习上有了竞争，有了比较，有了挫折，又怎能一下子有很强的逆商呢？

所以，建议父母要有意识地塑造孩子的"心理韧性"。

做家务就是不错的锻炼孩子的机会。孩子们在做家务的过程中，要学会观察、模仿、思考和解决问题，这正是孩子在学习上也应该具备的能力。

我的女儿在一年级学习了"元角分"。我发现她在计算时，总是出错。我忽然意识到，原来在生活中，我们几乎没有给她刻意做过"花钱"的训练。她的零用钱都是攒起来的，平时带她买东西也是直接手机支付，孩子几乎没有机会去真实体验"元角分"之间的计算是如何进行的。意识到这一点，我特意去换了现金，带着女儿去超市、去菜市场，让女儿在实践中去体会这些。

孩子的成长，需要亲自去经历，当父母不给孩子创造这样的机会时，孩子们遇到问题，只会哭鼻子，却不知道怎么去解决。

除了做家务外，也可以征求孩子意见，多安排一些运动项目。在运动中让孩子体验坚韧、坚持的意义，让孩子学习面对挑战和失败。

同事的孩子才小学三年级，已经显露出足球天赋。同事说："即使在大年三十的晚上，一家人围坐看电视吃美食，孩子都到楼下坚持练习足球，怎么喊都喊不回来。"这样的孩子，在生活上，一般不会因为一点失败就放弃。据说，这个孩子的学习成绩也很优秀。因为，如果在一个行为上可以达到高度自律，孩子在其他事情上也会有自律和坚持的精神。

家务劳动和体育锻炼，为培养孩子的坚韧性格、自信品质和自律能力，打下坚实的基础。

让孩子在家务中锻炼　　　　　让孩子在体育活动中锻炼

4. 培养孩子的正向思维

父母要告诉孩子：成功不一定会拿到最好的结果，有时努力的过程，让我们会得到更多。在学习或者比赛中，有人赢，就会有人输，但这些都只是暂时的，未来还会有更多的挑战。

培养孩子逆商的有效方法之一，就是父母的言传身教，让孩子了解挫折并不可怕。

心理学家玛德琳·莱文在一次演讲时说："孩子只看到我们是成功人士，而不了解我们一路遭遇的曲折、坎坷和挫折，并且还将继续经历这一切。对人生的挣扎和奋斗做正常化看待。"

不要总是觉得孩子小，就对挫折和失败避而不谈，实际上如果父母能和孩子讨论自己处理失败的方式及心路历程，会让孩子更了解父母，也更能让孩子思考成功与失败的意义。

当我在工作中遇到挫折时，如果女儿在旁边，我会跟她聊聊我的现状。尽管她可能并不能设身处地完全理解我的处境，但是女儿总是鼓励我："妈妈，你很努力，一定可以的，加油哦！"

父母给孩子分享自己成功与失败的经验，让他们知道即使是父母也有失败的时候，让孩子看到这就是真实世界，是每个人的成长必经之路。当他们自己遇到挫折时，想起父母坚毅的眼神和果断的行动力，孩子们就已经学会了正向思维。

逆商高的孩子，往往能够学会正向思维，在跌倒处再次爬起，并勇于承担一切责任，及时地采取有效行动。如果把失败归因于自己采取的方法不对，或者努力的程度不足，那么这样的孩子会有进一步成长与改进的动力。

Tips

孩子的逆商培养，有助于增强孩子面对挫折时的自信心。一个在逆境中都无所畏惧的孩子，人生充满了无限可能。父母要接纳孩子遇到挫败时的情绪，引导孩子释放情绪，同时在生活中创造让孩子锻炼逆商的机会和培养孩子的正向思维。

3.2 提升满足感：让学习上瘾像呼吸一样简单

有位名人，他的父亲是某大学的数学教授。按他的说法，他父亲最喜欢干的事，就是做数学题。人们问他父亲，为什么从来都不去放松，他父亲说，做数学题就是放松。

当一个人把学习当成放松的方式时，他根本不觉得学习很苦，他认为学习就是放松，学习本身就已经提供了满足感，这就是典型的内部驱动。

3.2.1 PDCA 循环学习法：从"差生"到"优生"逆袭提升的方法

孩子不是天生就懂学习方法，需要家长带领孩子一起摸索。比如，孩子刚入小学，父母要教会孩子做学习计划，计划制定后，监督孩子按计划执行，和孩子一起来检查执行情况，最后跟孩子一起讨论如何改进能做得更好。

但很多时候，家长没有教给孩子方法，经常是把计划丢给孩子，让孩子去执行，顶多问一句："今天的任务完成了吗？"结果等家长去检查的时候，才发现孩子要么啥也没写，要么就是完成的效果差强人意。

家长天天唠叨孩子，但是孩子学习上起色却不大，问题出在哪里呢？

首先，要跟孩子一起制定一个具体的计划，充分给予孩子选择权和决定权；

其次，做了计划，孩子不一定能严格执行到位，家长要有监督机制，并在这个过程中检查孩子的学习结果；

最后，要跟孩子一起来复核计划的执行情况，总结如何改进。

为什么说这样的学习方法能帮助孩子呢，是因为它是一套著名的PDCA 循环学习法。

PDCA 循环是美国质量管理专家戴明博士提出的。PDCA 循环分为四个阶段，即计划（plan）、执行（do）、检查（check）、行动（action）。也就是说，要做一件事，需要先思考做这件事的计划，确定行动方案，然后根据计划和行动方案执行，执行之后需要对结果进行检查，确定结果是否达到预期目标，如果没有达到，找出问题，最后对结果进行处理。成功的经验加以肯定，失败的教训要加以总结改进。

在实际工作中，我已经养成了习惯按照 PDCA 循环的学习法来进行管理：

①每天晚上会抽出 10 分钟的时间，将第二天的计划写出来，包括必做事项和备选事项；

②开始工作时，把计划表放在旁边，用"番茄工作法"来管理时间

提升效率，一项一项按照计划去实施，完成的计划打钩做好记录；

③随时记录完成的时间、核查进度，并备注遇到的问题；

④结束工作之前，花 10 分钟时间把整个计划和记录过程进行回顾，评估完成情况。

在孩子每天的作业管理，或者假期学习中，我也同样应用 PDCA 循环学习法，来和孩子管理每天的学习。

1. 制定学习计划

和孩子一起列出当日学习任务清单，估算出需要的番茄钟时间，做好计划表。

（1）给孩子主动权

"学习是孩子自己的事情"绝不应该只是一句空话。不少家长一边对孩子的学习大包大揽，一边又说"你什么时候能自觉一点，别让我操心了。"结果就是：孩子失去自己做主的意识，完全任由父母安排。没有父母的安排和监督时，自己就把学业抛在脑后了。

一定要把决定权交给孩子，由孩子列出当日的学习内容，提高他们的积极性。如果有遗漏，父母再提示孩子。并且，父母要注意检查这个计划的合理性，是否给孩子留了自主安排的时间，注意劳逸结合，而不是一味地让孩子学习。

如果父母尝试用番茄工作法帮助孩子做时间管理的训练，那么在休息时间，就一定要提醒孩子休息放松一下。

（2）学习任务的完成顺序可以是"先易后难"

一般让孩子从简单的作业开始，一方面孩子擅长的，有兴趣的学科作业，做起来得心应手，有助于激发孩子的成就感；另一方面，从简单作业入手，孩子进入写作业的状态比较快，更加容易完成接下来的作业。

也有家长反馈，孩子喜欢先从较难的作业做起，因为孩子觉得难题都解决了，剩下的题就更轻松了，这也无可厚非，家长应尊重孩子自己的想法。基本的原则是，让孩子早些进入学习状态，而且学习时的情绪要平和而不急躁。

（3）对作业时间进行预估

这是刻意训练孩子对时间的感知能力。有些孩子对写作业需要的时间并没有概念，难免在写的过程中有溜号的时候，自己心里还觉得，"还有时间呢，不着急……"

如果每次学习之前都由孩子来预估时间，在执行中再来核对学习时间和预估时间之间的差距，孩子就会渐渐对时间有了理解，也对自己的能力有进一步的评估。

有些孩子在考试中，会因为写得太慢或者在某些题目上耽搁时间，最后没有答完试卷。这就需要家长在孩子平时写作业时，培养孩子对时间的"掌控感"。

（4）做计划的习惯可以应用到生活的其他方面

很多孩子有拖延的习惯。起床后，慢慢悠悠穿衣服、洗漱、吃饭，不知道下一步干什么，没有紧迫感，直到妈妈开始催促孩子才做相应的反应。睡前也是，妈妈吼着去睡觉，孩子还有些不情不愿……对于没有计划性、条理性的孩子，妈妈要帮助孩子制定睡前、晨起的计划表，让孩子知道一件事做完还有下一件事，每件事都是有时间限制的。

这样的训练要循序渐进，切不可太严格。家长可以从某一个方面开始训练，当孩子对制定计划已经很熟悉，并且能够很好地按照计划去执行的时候，再对孩子的其他方面进行要求和训练。

2. 执行学习计划

我们成人都知道，再好的计划，如果失去执行的行动力，都是毫无意义的。比如很多妈妈都有过无数次的减肥计划，最后都变成一句口号。就是因为，计划很完美，但行动很骨感。行动力，决定了计划的最终结果。

很多父母也一定和孩子一起制定了大大小小无数个计划，但最后都不了了之。这是为什么呢？因为计划不仅仅是一张纸而已，需要父母的监督提醒，需要孩子付出实际的努力去执行计划。

（1）父母要耐心陪伴，鼓励孩子

对于计划的执行，往往是开头很容易，孩子的兴致也很高，但是几天之后就会发现，坚持下去很难。要保证计划顺利执行下去，就需要父母的耐心陪伴。在孩子泄气的时候，父母给孩子鼓励："再坚持一下，就可以完成了！"这才是让孩子坚持下去的隐形动力。

如果在孩子执行计划时，父母能够以身作则，效果会更好。比如，孩子执行锻炼计划的时候，父母也一起锻炼身体，全家齐上阵。孩子学习的时候，妈妈也拿一本书，坐在旁边静静读书，孩子也更容易从妈妈身上学习到"坚持、专注"的精神。

（2）减少唠叨，让孩子独立完成

当孩子不能按照计划完全做到时，父母不要唠叨和责备孩子。这样做，只会让孩子对计划产生反感，觉得"就是因为做计划，才让我现在被指责"。父母只是陪伴者，不是实际执行者。

当孩子确实需要帮助时，父母可以提供帮助，但是不要一上来就包办，而是多启发孩子，通过什么样的方法或者工具，能自己解决问题，多问问孩子："你是怎么想的？你觉得怎样才能做到呢？"

（3）计划可以做调整

计划并不总是一成不变的。在执行计划的过程中，也会有这样那样的问题。如果发现，确实是计划过于严格而无法达到，父母要和孩子记录下来，在下一步骤进行讨论，做出调整。

我的女儿在自学英语的时候，有一段时间我注意到计划表记录的时间和评估的时间之间有很大差距，经常没有办法按照计划完成课文的朗读和单词的背诵。于是我在她学习的时候，特意留心观察了一下，发现难度确实加大，没有办法和以前一样在规定时间内完成。于是，我和女儿调整了学习内容，顺利解决了这个问题。

计划制定之后要坚决执行。但是，计划也是动态的，要根据孩子的客观情况和实际水平进行调整。因此，父母的细心观察和孩子之间的沟通就格外重要。

3. 检查计划阶段

检查分为父母检查和孩子自责。父母检查，固然能在短时间内达到核查的目的，但是却让孩子丧失了自省的机会。所以，父母要慢慢放手，让孩子养成自己检查的好习惯，有助于孩子学会发现问题、解决问题。

（1）切忌在孩子写作业时，检查对错

试想，如果你在做饭的时候，爱人站在旁边，不停指指点点，说："酱油，酱油放多了！""哎哟，怎么能放醋呢，这不对了呀！""快关火，火大了！"你听完后是不是心里很生气，根本无心继续做饭了呢？

孩子写作业的时候，父母仅仅是陪伴，或者做些必要的提醒，中间不必急于去检查孩子写作业的好坏、对错。培养孩子的学习兴趣，让孩子在学习时不受到干扰，这是父母要做的。当孩子对学习有兴趣，学习习惯养成了，写好作业也就是自然而然的事情了。

（2）只提示对错，改正交给孩子

如果没有答案或者孩子很难独立完成检查，可以由父母检查。但是，只告诉孩子有几处错误，或者只是圈出错误，改正的权力交给孩子。父母可以启发孩子自己思考，尽快改正错误。

建议父母给孩子准备一个错题本，把错误的题目抄写下来，进行二次复习，确保孩子真的掌握了知识点。也可以根据实际情况，用图表进行记录。

无记录，不发生。每天做出总结和记录，有助于帮助孩子找到问题所在，在后面进行调整时，做到有的放矢。

时间段	学习内容	检查方法	是否完成	如何改进
18:00~18:30	数学作业	核对答案	延时 10 分	①作业之前花 3~5 分钟复习；②写作业时使用计时器

4. 行动的阶段

计划实施一段时间后，要进行复盘，即回顾一下都学习了什么，掌握了多少，自己是否满意。还要看计划是否合理，是否需要调整……检查的目的很明确，是为了发现问题、解决问题。因此，在检查之后就要采取行动。

比如在假期中，原计划一个月读 10 本书，但是过了 15 天，才读了 3 本书。此时就可以适当做出调整，要么增加阅读的时间，要么调整任务量，把原定计划修改为 6 本。

对于计划内的学习结果，如果父母和孩子都很满意，家长适时给予鼓励，孩子就会很有成就感，也会更有动力去更好的学习。如果不满意，就需要做出调整。做出调整时，要根据实际情况做出考量，哪里做得好，哪里做得不太好，下一次怎么改进，都要考虑。

完成调整的计划后，及时做总结和复盘，如此循环往复，这就是 PDCA 循环学习法。PDCA 循环的四个过程不是运行一次就完结，而是周而复始地进行。一个循环结束了，解决了一部分问题，可能还有部分问题没有解决，或者又出现了新的问题，再进行下一个 PDCA 循环，依此类推。

通过一个个 PDCA 循环，孩子看到自己的坚持和努力，完成了一个个目标和计划，找到了目标感、掌控感和成就感。

PDCA 循环学习法已经帮助训练营的孩子们，在很短时间内，成绩从中等水平提升到了班级领先，希望这样一套方法也能帮助你们的孩子快速提升学习能力和成绩。

Tips

PDCA 是一种非常简单易用的学习方法，跟孩子花一点时间学习和适应，制定计划 — 执行计划 — 检查计划 — 调整行动，相信孩子很快就会摆脱做事拖沓、无条理的坏习惯，重新找回学习的成就感和自我满足感。

3.2.2 积极暗示法：孩子暗示自己的样子，就是他未来的样子

暗示，是自我肯定与鼓励的一种积极方式。如果你希望自己的孩子在学习上充满力量，任何时候都积极自信地说："我能行！"那么，在生活中，就要通过言语和训练，让孩子学习积极自我暗示。让我们看下面这个故事：

流浪街头的吉卜赛修补匠索拉利奥，每天早上起床的第一件事，就是大声地对自己说："你一定能成为一个像安东尼奥那样伟大的画家。"说了这句话后，他就感到自己真的有了能力和智慧，于是满怀激情和信心地投入到一天的工作中。十年后，他成为一名超过安东尼奥的著名画家。

这个故事表面听起来，似乎不可思议，因为每天对自己大声暗示，就真的可以成为自己想要成为的那种人吗？事情似乎真的就是如此神奇。比如快乐教育的倡导者斯宾塞曾说过，让一个孩子每天重复说"我恨自己""为什么我老犯错"，他就一定会处处犯错，搞不好还会一事无

成，这就是自我暗示的作用。下面是斯宾塞的一段话。

　　有一天，小斯宾塞突然问我："是不是我们家的人都有神经衰弱的毛病？" 我对他的问题感到很吃惊。原来，他看了一本书，书中认为一个孩子如果过早地懂得很多知识，那他一定会患上神经衰弱的毛病。于是，"神经衰弱" 这个词就一直停留在小斯宾塞的脑海里，怎么也无法消除。他甚至把身体方面的各种异样感觉都统统归结到神经衰弱上面。神经衰弱，这种消极的自我暗示成了小斯宾塞的一道心理障碍，我必须找到一些方法来让它消失。

　　方法其实很简单，那就是积极的自我暗示。我让小斯宾塞每天早晨起床时就对自己说两句话："我的身体和头脑真是太好了""感激父母，他们给我的一切如此完美"。开始时小斯宾塞只是小声地说，后来我告诉他："不要犹豫，用你尽可能大的声音去说。" 这两句话在一个多月后再也听不到了，因为小斯宾塞的 "神经衰弱" 已经完全消失了！

　　这个故事反映了暗示的力量，尤其是对孩子，暗示有着强大的力量。在长期的家庭咨询和家庭训练中，我发现，如果父母经常给予孩子积极的暗示，孩子就可能朝着积极的方向前进；相反，如果父母总是对孩子说些负面的话，打击孩子的自尊心和自信心，孩子可能就会朝着相反的方向发展。

　　下面让我们来比较一下消极暗示带来的负面影响：

　　涛涛的学习成绩不好，妈妈恨铁不成钢，经常在他写作业的时候，说："你怎么这么笨啊，这么简单的题都会错！" 涛涛没敢吱声，妈妈坐在旁边不满地看着涛涛的作业说："你看看你，除了会吃，还能干什么？你真是不如隔壁家的甜甜。人家比你小一岁，学习比你好一百倍！"过了一会儿，妈妈看见涛涛的字写得歪歪扭扭，忍不住又说："你这字，写得真是难看，人家闭着眼睛写都比你写得好！你这辈子，别想有出息了！"

就这样，在妈妈的训斥中，涛涛越写越糟。即使是很简单的题目也做错了。妈妈气得够呛，涛涛眼里含着泪水，小声反复地说："反正我努力也没用，谁叫我是个笨蛋呢！"

这就是消极暗示带给孩子的负面影响。在这种暗示下，孩子们越来越丧失信心和勇气，反而有可能认同这种暗示。即使父母再生气，孩子也可能变得无所谓，内心在想：我就是这样的笨蛋！我就是胆子小！我就是爱发脾气的孩子！我就不是读书的料……于是孩子最终呈现出来的状态，就变成了"如你所愿"的样子！

相反，不管孩子现状如何"不尽人意"，父母都能时刻保持对孩子肯定和鼓励的态度，加以科学引导，那么孩子也会朝着你想要的方向去发展。

没有什么比得到父母的认可和赏识更能满足孩子进步的成就感。这就是积极自我暗示的强大效能！

积极暗示又会带给孩子怎样的正面激励呢？让我们来看下面这则故事。

爱因斯坦小时候是一个被人看不起的学生。在他小学毕业时，校长对他的父母说："你们的孩子将来无论从事什么职业，都一样没有出息。"

一次，爱因斯坦的母亲带他到郊外玩。亲友家的孩子都在兴高采烈地玩耍，只有爱因斯坦默默地坐在小河边，久久地凝视着水面。亲友们悄悄地对他的母亲说："小爱因斯坦总是一个人对着小河发呆，是不是有点抑郁啊？应该带他到医院看看。"

这时，爱因斯坦的母亲自信地对他们说："我儿子没有任何毛病。你们不了解他，他不是在发呆，而是在沉思，在想问题。他将来一定是一位了不起的大学教授。"

爱因斯坦听到了妈妈的话，将这句话深深铭刻在心。他时常拿妈妈的话来鞭策自己，并暗示自己：我一定能成为一个了不起的大学教授。

爱因斯坦的母亲坚信自己的孩子将来一定会"了不起"，这种坚定的信念被爱因斯坦接收到了，给他带来无限的力量，最终成为一位伟大的科学家！

表面上看，这是一个简单的心理暗示，其实却隐藏着深刻的道理。由于孩子的心智尚未成熟，很容易相信和接受别人的判断，尤其是来自父母、亲友和师长的评价，他们会把外界的评价内化成为自己对自己的期待和判断。

我出生于一个三四线城市，从小没有什么英语的学习环境。上小学后，英语启蒙老师是一位纤瘦的女老师。我至今都记得她的模样，个子高高的，留着齐腰长发。就因为这位老师喜欢我，让我做英语课代表，经常在课堂上提问我，当众肯定我。所以我觉得自己在英语上有天赋，因此对英语学习投入了极大的精力，成绩越来越好。出类拔萃的英语成绩，让我毕业后顺利进入世界500强外企。

很多孩子也跟我一样，因为老师的鼓励，就格外喜欢某一科目，成绩也越来越好。反过来，又得到了心理暗示"我对这门课很擅长"，形成良性循环。也有的孩子，认为老师对自己有偏见，不喜欢自己，就破罐破摔，最后影响了自己的成绩。

尤其在家庭中，父母跟孩子朝夕相处，一言一行，都让孩子感受到父母对自己的期待和态度，这些都深深地影响孩子对自己的评价和判断。

我的女儿从小是我妈妈带大的，因为我经常出差，姥姥的一言一行对孩子影响很大。比如，我的妈妈带孩子出去的时候，经常跟别人说："这孩子内向，不爱说话。"于是女儿见人总是很腼腆。回到家，我妈妈还跟我提起："这孩子太不爱说话，见人连招呼都不敢打。"我注意到妈妈这样跟我说时，孩子把头深深地低了下去。

于是我减少了出差，经常带着她出去。走到楼下，见到邻居，我会热情地跟邻居打招呼。女儿问我："妈妈，你怎么不让我跟隔壁奶奶打招呼啊？"我蹲下来，看着她的眼睛说："妈妈相信你，你是一个懂礼貌的孩子，总有一天，你会自己主动打招呼的。只不过，现在你还没有准备好。"在那之后的第二天，见到邻居，孩子居然主动打起招呼来。

如果父母认为自己的孩子很优秀，给孩子时间和空间成长，孩子也会充满力量去提升自己，不辜负父母的期望。

如果孩子感受到的是父母对自己挑剔指责，不信任自己会越做越好，就会否定自己，甚至自暴自弃。

如何利用积极暗示，培养孩子的自我肯定能力呢？

1. 父母的一言一行皆是暗示

父母的言语表达，一定是最直接、最容易被孩子接收的。所以父母要有一双发现孩子闪光点的眼睛，随时发现并发自内心地欣赏孩子，有意识地告诉孩子，让孩子感受到父母的肯定和欣赏。这份来自父母的认知和评价，就会在孩子对自己的认知基础上散发出新的力量。

除了言语的作用外，父母的神态动作，对孩子也有重要的意义。作家赖佩霞老师曾做过演讲"你满嘴是爱，却面目狰狞"。她的母亲曾说："我骂你是因为我爱你！你听懂没有？不要还嘴！"

虽然父母都说爱孩子，但是孩子却感受不到爱，孩子看到的只是面目狰狞。所以，神态表情给孩子的暗示力量也很大。当孩子完成一件事时，看向父母，尽管父母不说话，但是透过妈妈赞赏的眼神，爸爸鼓励的拥抱，孩子能体会到成功的喜悦。

2. 60 秒 PR 暗示法

虽然来自他人的暗示，对孩子影响很深，但是孩子对自己的接纳和肯定，才是一生坚定前行的基石。家长可以通过以下练习，让孩子学习自己给自己做积极暗示，任何时候都充满力量。

美国佐治亚州立大学的一名教授发明了 60 秒 PR 法，其核心就是积极的自我暗示。其训练方法是：每天花 60 秒钟以讲演的形式简洁地描述自己的天赋和能力以及自己想达到的成功目标。

根据行为科学的理论，一个人对自己失去信心，有种种负面情绪，必然产生一种厌恶和否定自己的自卑情绪。要克服这种不良情绪，就要时常赞美自己的优点和长处，借助心理暗示，来鼓励自己在人生道路上勇敢奋进，对未来充满信心和希望。

具体步骤如下：

每天早起后和晚睡前，各用一分钟左右的时间进行积极的自我暗示。选择一些积极、肯定并富有激励性的语言，大声朗读，直到背诵下来，并做反复强化。比如：

- 我越来越有自信了；
- 我是一个有能力的人；
- 我很善于学习；
- 我的英语口语越来越好了；
- 我很细心大方，同学们都很喜欢我！

在讲演过程中，描述自己的梦想、目标，越具体越好。比如，在本学期末，我的每科成绩都达到95分以上，我拿到成绩单的那一刻，自己感到无比自豪！

比如，有些年轻人把"60秒PR法"的内容写在纸上，贴在卫生间的镜子上，每天洗漱完毕后，对着镜子上自己的目标反复读，用来激发壮志，用积极的眼光发现自己，积极进取，敢于拼搏。

3.卡片"谕示"法

这是快乐教育的创始人斯宾塞提出的一种方法。

在《斯宾塞的快乐教育》一书中，作者讲述过这样一个例子。有年冬天，镇上的神父交给了斯宾塞先生一项任务，希望斯宾塞尝试一些新的方法来唤起几个流浪儿对生活的希望。

斯宾塞说，初次见到这些孩子的时候，我为他们准备了一个装有卡片的纸盒，并让他们每人从中选取一张卡片，上面的话就是他们的幸运语。每天，孩子们在我的要求下都要重复这几句话数次——"今天，我要快乐地跟每一个人打招呼""我很有信心，也很有力气""我很快乐，我相信我会成功""我的记忆力很好，我能记住很多东西"。由于是孩子们自己选的卡片，他们对自己的幸运语都很重视。只是开始的时候，他们很不习惯这样说话，我就有意问每一个孩子他的幸运语是什么，并要求他大声回答。

我深信，只要一开始说，积极的影响就产生了。果然，仅仅两周过去，孩子们的面貌就有了明显的改观，他们说话的声音越来越大，表现得也越来越自信。本来，因为天冷，又下着雪，我没有给孩子们安排太多的户外活动，但禁不住他们一再要求，我们还经常在雪地里玩游戏。再或者，我们就跑步到德文特河边，一边跑，一边喊着："我爱这个世界，我爱每一天！"镇上的人都啧啧称奇。

自我暗示的作用在逐步显现，每个孩子的脸上都开始出现了从未有过的兴奋与活力。

卡片的神奇暗示，被孩子们接收到，他们看见未来的曙光，各种令他们不快乐的阴霾也随之消除，孩子们变得越来越积极自信！

当代心理学之父威廉·詹姆斯曾说："我们这一代最大的发现就是，人们可以通过改变自己的态度，来改变自己的生活。"

受此启发，父母可以制作一些带有积极话语的卡片，让孩子读出来，一次次加深积极暗示力量。这有点像"盲盒"游戏，因为卡片是随机抽取的，这样可大大增加孩子们的好奇心，提升了游戏的趣味性。试想一下，一个对学习不太自信的孩子抽到一张卡片，上面写着："你的努力将使你成为一个很优秀的人！"孩子会不会嘴角上扬，变得积极行动起来？

4."找优点"的游戏

让孩子经常肯定自己，可以很好地强化自我暗示的力量。

我和女儿经常在睡前玩"找优点"的游戏，有时候是互相找优点，有时候是找自己的优点。一开始，她不善于发现自己的优点，总是希望得到我的肯定回复，让我来说出她的优点。后来，我尝试引导她自己来挖掘自己的优点，于是她越来越清晰地知道自己哪些行为值得肯定和赞赏，哪些行为还需要加强改进，并对好的行为主动提出要多多去做。

比如当孩子说自己做数学题又快又好时，脸上满是骄傲和自豪。后来我发现，当她做数学题时，遇到难题，她自己就先给自己做积极的心理暗示，告诉自己："我对数学很在行，一定可以解答出来，不过就是要多琢磨一会儿。"接下来，她会主动想办法查资料，认真思考，最终把一道难题解答出来。

发现自己的优点，让孩子在行为中自觉要求自己，强化自己好的行为。当孩子越来越肯定自己，内心变得越来越强大，即使没有来自外界的暗示和肯定，孩子也能自己给自己提供源源不断的自信和能量了！

5.借外力的强化法

当父母不经意把对孩子的赞赏或者期望说给别人听时，孩子也会得到暗示。

一位学员跟我说，她的孩子早上有赖床的习惯。有一天孩子自己起床，动作迅速。她给孩子外婆打电话，故意大声说："妈，兰兰最近进步可大了！早上自己就起床了，一点都不磨蹭。"孩子听到了，心理美滋滋的。

再次看到外婆时，外婆也夸外孙女："听你妈妈说，你现在早起有进步呀！"孩子大声答应着，从那以后，每天都能早早起床了。

想让孩子成为什么样的人，就用看待那样的人的眼光去看待他，用对待那样的人的话语去和他说话，并告知周围亲近的人。当孩子看到不仅是父母，连周围的人也相信自己可以做到时，这种暗示的力量就在发酵，变成巨大的能量源。

Tips

想给孩子暗示并不是一件难事，难的是父母要持久去做，给孩子恰如其分的暗示和赞赏，让孩子在暗示下，认为自己会越来越有能力，越做越好，自己一定会成为那个期待中的人！

3.2.3　放下"完美主义"：接纳真实，给孩子接纳自己的勇气

在训练营中，我接触到很多学习好的孩子的妈妈。他们的孩子已经十分优秀，单科几乎都能考到满分，但是妈妈们还是对孩子的各种行为感到非常不满——孩子写作业不自觉、拖拉磨蹭、偷看漫画书、字写得歪歪扭扭、不自信、胆子小、爱哭……他们来训练营的目的，是希望通过训练让自己的孩子更完美。

我也见过很多孩子，明明已经很优秀了，但是他们不断被父母安排上各种加强班、学习难懂的术语、学习多门外语……渐渐地，孩子对学习以外的事物失去新鲜感，似乎除了成绩美誉没有什么能够吸引他们了……

很多时候，我们都对满分有所期待。但请父母们认真地去想，那个满分到底意味着什么？我们是更看重那个完美的结果，还是这个过程已经足以让我们付出努力呢？

1. 放下对完美父母的执念

有一位妈妈，从怀孕那一刻，就开始学习育儿知识。孩子出生以后，妈妈一直都用"完美妈妈"的标准要求自己，丝毫不敢有半点懈怠。但是却越来越发现，现实生活与想象的理想生活差距很大。孩子没上小学前，每天晚睡晚起，消耗掉她的大部分精力。孩子入学之后，写作业拖拉磨蹭，她每次都要催着吼着，才能完成，成绩也差强人意。这样的养育过程，让她感觉每天都处于崩溃的边缘。

"完美妈妈"不仅对自己要求高，对孩子要求也非常高。孩子的表现不如意时，完美主义的父母会本能地自责，没有把孩子教导好，对自己产生深深的否定。当孩子持续达不到要求的时候，完美主义父母会变得焦虑，亲子关系变得格外紧张。

我的一位医生朋友，没生孩子之前，就已经给孩子做了各种安排：学区房，幼儿园，保姆，钢琴老师……他这么做的目的，就是"给孩子铺好路"。孩子倒也争气，不仅语数外门门优秀，而且钢琴表演是学校每次会演的保留节目。但是，就在朋友为孩子的教育沾沾自喜的时候，孩子却在高考前厌学了……

其实，孩子有压力的情况已经由来已久，多次在父母面前流露出害怕高考失利的想法，但是父母告诉孩子的是："你是一个尖子生，如果你都考不上好大学，别人更别想了，你还担心什么呢？"

厌学，并不是孩子偷懒了，而是孩子过去接收到了太多"完美教育"，孩子惧怕失败。在孩子的眼中，如果自己学习不好，考不上父母眼中的名牌大学，自己就一无是处。在巨大的压力下，背负着父母高期待的孩子选择了厌学和逃避。

完美主义的家长害怕孩子犯错。比如孩子不小心打翻了杯子，完美主义的妈妈就会很紧张，大呼小叫地责备怎么能让孩子自己拿杯子，或者责备孩子怎么这么不小心。类似的例子在生活中数不胜数，完美主义的妈妈就像"炸药包"一样，一旦发现问题不符合自己的预期，就会一点就炸，却完全不顾及被妈妈过度反应吓到的孩子。在这样的家庭环境下，孩子为了让父母不发火，大部分精力用来扮演一个完美的乖孩子，怎么还会有探索精神，怎么还会安心学习呢？

王尔德说："使孩子品行好的最佳方法就是使他们愉快。而这个社会的大多数成年人在让孩子愉快这一点上，都显得出奇的吝啬。就在他们或粗暴，或和蔼地夺走那些让我们愉快的事物时，总会不忘附加这样一句：这样做是为了你好，而这真的是一句带有说服力的辩词，它最终会使我们也同意毁灭自己。"

放下做完美父母的执念吧！也许父母是孩子的起跑线，但绝不是孩子的终点线。孩子的人生终究需要他自己完成，做真实有爱的父母，才能培养出真正的快乐的孩子。

（1）好妈妈不等于"完美妈妈"

完美主义父母喜欢苛求自己，经常事无巨细为孩子操劳，孩子的每一个情绪表情都放在心上，因为自己不能更好地照顾孩子陪伴孩子而内疚自责……在压力和焦虑下，吼了孩子会一天都在心理后悔内疚，觉得自己不是一个好妈妈……

但孩子眼中的"好妈妈"和我们所以为的满分妈妈不能画等号。我们做不到满分，也没有必要一定达到满分，就像我们不必苛求自己的孩子做"别人家孩子"一样。

当你觉得累了，就休息，给自己来一杯香茶，坐在窗前享受生活的美好；当你心烦了，可以给自己放个假，约上自己的闺蜜逛街，给自己买一份心仪已久的礼物，哪怕是一支口红，一个小小的日记本，这些"小确幸"都会让你变得心满意足，内心变得柔软；当你控制不住自己的情绪了，不必急于去解决问题，尝试"积极暂停"，让自己先冷静下来，这样的抽离会让自己不那么愤怒和难过……

父母不妨给自己拟定一个"小确幸清单"，当自己觉得焦虑、疲惫的时候，就去完成清单的一个个小任务，取悦自己的同时，也接纳了自己，对自己宽容。

父母照顾好自己情绪和精力的前提下，才有能量去宽容和接纳孩子，也才更有智慧去养育和教导孩子。

（2）用成长代替焦虑

人们往往因为自己的"盲区"而感到焦虑，而焦虑是因为害怕失去掌控感。

因为不知道、不了解，在孩子出现状况时，父母才会觉得糟糕透顶，觉得无助。比如，孩子因为考试失败而难过时，如果父母不能觉察到这是孩子有情绪的正常反应，要么赶紧"解救"孩子，心急地给孩子花大价钱报名各种辅导班，或者请一对一老师，给孩子增加很多压力；要么无视孩子的心理需求，一味严厉批评孩子、严格要求孩子，给本就挫败的孩子雪上加霜。因为父母不懂孩子，只看见孩子的行为，而没有走进孩子的心里，一味地用错误的做法来试图掌控局面。

完美主义的父母必须主动去改变，才能具备对现实的掌控感而不盲从。在训练营中，我非常欣喜地看到，越来越多的父母不放弃自己的成长，不断学习科学的育儿知识，学习更好的学习方法与孩子探讨，了解孩子，懂孩子。因为有了更多的陪伴和关爱，父母和孩子之间建立和修复了依恋关系。孩子感受到父母无条件的爱和支持，他们才会有更多的精力去探索发展自己的世界，才会发展出自律、自理的能力。

2. 放下"完美孩子"的高期待

曾经有一档电视节目，将妈妈和孩子分为两组，分别让孩子和妈妈给彼此打分。结果是，妈妈没有一个给孩子满分的，而孩子们给妈妈的都是满分。

妈妈们在看到得分的那一刻，都流下了眼泪。

在孩子眼里，妈妈们都是好妈妈。而在妈妈的眼里，孩子总是有或多或少，这样那样的缺点，不完美。

在家长群里，我们也经常会遇到这样的家长，他们对孩子的各种行为感到非常不满——孩子做作业不自觉，拖拉磨蹭不专注，写字不工整不规范，孩子胆小不大方……

而且，妈妈们总能发现孩子的新问题。有时候，我们给妈妈支着儿，孩子的拖拉磨蹭得到了改善，妈妈们刚刚宽心了几天，又马上来问：孩子还有爱看漫画书的习惯，如何纠正……有时，真的是啼笑皆非，又无可奈何。

（1）父母要放下对孩子过高的期待

曾经有人问哈佛大学心理学教授杰罗姆卡：人生幸福的童年根源到底是什么？他说："这个问题很难回答，但是我可以聊一下不快乐的童年是什么……父母对孩子的要求超出了孩子的能力范围，父母定的目标是孩子无法达到的。"

有些父母总是盯着孩子的缺点，时时想要把孩子打造成完美的孩子，这种过强的控制欲，往往让孩子们的心理压力巨大！

但这些苛求孩子的父母却给孩子完全举了反例。比如父母时间管理做得不好，工作拖拉，得过且过，却要求孩子有时间观念，放学按时写作业，自觉早睡早起；或者父母自己很少打扫房间，做事难有条理性，却在抱怨孩子不整理自己的衣物，没有好的生活习惯……

如果我们自己都做不到，更何况要求一个孩子完美。教养之路，本来就是父母和孩子共同成长的道路。

所谓"正确的方向"并不意味着一定适合自己的孩子。养育孩子也并非一个标准的公式，只要照着用，就会教养出完美的孩子。每个孩子都有自己独特的成长天性。当家长不再苛求完美的孩子，孩子才能更淡定从容；当父母尊重孩子的天性，孩子才能变得更有力量。

（2）帮助孩子放下"完美主义"

有的家长向我咨询，我的孩子很没有自信，不愿意去尝试新东西，怎样让他更勇敢地去迎接挑战呢？

如果一个孩子有完美主义倾向，会很容易焦虑。因为害怕失误、害怕犯错、害怕破坏"完美"，这些孩子不愿意尝试新的事物。

澳大利亚墨尔本大学的研究者曾对学习音乐的 10~17 岁孩子做过研究。研究发现，那些越追求完美的孩子越害怕练习，因为他们对练习中出现的错误感到焦虑，甚至恐惧。

看到这个研究结果，我想父母们就可以理解，为什么自己的孩子，尤其是一向优秀的孩子会"输不起"。

当孩子有过度完美主义倾向的时候，我们要引导孩子放下完美主义，从错误中学习，从容面对失败。孩子们应该意识到失败是生活的一部分，是成长的必经之路。摔倒了，爬起来，拍拍身上的尘土，继续大步向前。

著名主持人白岩松先生在给儿子的人生邮件中告诉儿子：不争第一！他说："当了第一的人也许是脆弱的，众人之上的滋味尝尽，如再有下落，感受的可能就是悲凉。我们每一个人，只不过是和自己赛跑的人，在那条长长的人生路上，追求更好强过追求最好。"

我曾经把这句话读给我的女儿听，我也告诉她："你本就是独一无二的！因而不需要跟谁比较，你只要跟自己赛跑，每天进步一点点，就很好！"

放弃追求最好的，而是追求每次比上次更好一点，这是家长要传递给孩子的智慧，孩子要知道完成比完美更重要。

Tips

完美主义的父母过度信奉的是"父母是孩子的起跑线！"因而在养育孩子的路上，如履薄冰，生怕自己的每一次失误影响到孩子一辈子。不允许犯错，害怕犯错，让父母无从静下心和孩子一起寻找解决方案，孩子也因此变得并不快乐。接纳自己和孩子本来的模样，将给孩子更大的勇气去面对挑战。

3.2.4 "五步循环法"：五个步骤，打造孩子学习的幸福力

虽然父母面对孩子的学习，有各种各样的焦虑和担心，但说到底，没有哪个父母不期待自己的孩子既学习好又拥有幸福快乐的生活时光。所以，父母们都迫不及待地希望找到这样一种方法。

我在养育自己孩子的过程中，在家庭训练营课程中，一直在思索，快乐育儿和快乐学习如何能够结合，直到读到爱德华·哈洛韦尔的《童年，人生幸福之源：培养乐观的方法》，书中提供了一种简单可行的打造孩子幸福童年的方法，我觉得获益良多。

哈洛韦尔说，联结、玩耍、练习、精通、认同，这五个步骤环环相

扣，周而复始，贯穿了孩子的整个童年甚至一生。

在五步循环法的基础上，我们可以引申出让孩子快乐学习和生活的公式，即快乐的学习生活＝联结＋玩耍＋练习＋精通＋认同。遵循五步循环法，我们能深度挖掘孩子的兴趣，让孩子拥有"我能行"的强烈自信心！

其实，在之前的章节中，我们提供的方法已经包含这五个步骤，但是哈洛韦尔非常巧妙地给这五个步骤做了排序，并且强调它们是相互影响、相互联结、周而复始循环的。将理论结合实践来看，这个五步循环法用到激发孩子的学习内驱力，真的是再精准不过了。

1. 联结：爱和信任，是孩子探索世界的基础

五个步骤中最重要的一环，是联结。这里的联结通常指父母与孩子之间的情感联结，来自家庭的爱和信任，是孩子带着信念和力量去探索世界的基础。

哈洛韦尔说，快乐的成人依赖两种重要的能力：应对逆境的能力和创造永恒快乐的能力。这些能力都不是天生就具备的，而是后天学习的结果。

在学习中，孩子难免遇到挫折，这就要求孩子要有抗挫的能力和乐

观的精神，这样孩子才能在学习中有"我能行"的自信心，即使遇到逆境，也有足够的勇气和强烈的意愿去做尝试。

如前所述，自我效能感比较高的孩子，通常在整个儿童期都跟父母在情感上有很深的联结，通过与父母和家庭的联结，孩子能感受到自己的价值感和归属感，感受到稳定的安全感。然后，这个孩子才有动力和勇气去探索世界。在这个探索的过程，他也许会感到恐惧、焦虑和担心，但是因为确信有来自父母的力量和支持，自我效能感高的孩子会更快地提升自己的能力，通过学习快速适应外界的挑战。

唯有这样的联结，能让孩子的成长有一个稳定的心理基础。这个心理基础能帮助孩子培养出"我能行"的态度，直接影响孩子乐观积极的性格。

对于 0~6 岁的孩子而言，学习知识和发展技能不是最重要的，但是与父母的联结却是发展孩子的好奇心、探索未知的重要基础。根据心理学里的依恋理论，孩子越是能够安心地回到父母的怀抱，得到安慰，就越能够自信地再次与父母分开，去探索新的世界。

父母们可能还记得，孩子的第一次翻身，第一次坐起来，第一次蹒跚学步，第一次叫爸爸妈妈，都会得到你欣喜的掌声和积极的鼓励。因为得到了父母的爱和信任和鼓励，孩子一次次尝试，毫不畏惧，而且欢欣雀跃。

随着孩子的长大，父母开始对孩子有了更多要求，尤其是学习上，因为高期待，所以要求越来越多、越来越严格。当一位妈妈情绪焦虑，动辄大喊大叫，或者唠叨不停，亲子之间的矛盾开始逐渐增多，原本的联结偶尔会有中断。如果父母没有及时调整亲子沟通方式，与孩子之间的联结中断较久，甚至断裂，孩子会出现叛逆、厌学、甚至离家出走等极端行为。

所以，在课程和咨询中，我经常跟父母们说的是：先让孩子感觉好，才能让他们做得好。即父母要跟孩子先发生联结，有了良好的情感联结再讨论学习上的问题，这样才能事半功倍。我们常常发现，那些母亲淡定有爱，父亲热情开朗的家庭，孩子更容易展现出阳光自信的特质，这样的孩子在学习中才更有探索精神。

2. 玩耍：在玩中提升能力，有助于孩子未来学习

哈洛韦尔说，千万别低估玩耍的重要性，孩子自己或者跟伙伴一起自由自在地玩耍，是孩子最重要的"工作"，远比考试拿高分重要得多。

玩耍能帮助孩子发挥想象力、创造力和提升自信心。在玩耍中，孩子也能挖掘自己的兴趣，发展孩子的特长，为将来在学业上取得成功打下基础。

有些父母不喜欢孩子玩耍，他们认为：玩，就是浪费时间。其实，玩耍是隐藏的学习机会。

美国顶级发展心理学家彼得·格雷提出：不要让大人的决定剥夺孩子快乐的时光。学习不止有一种方式，鼓励孩子发挥好奇心和交朋友，可促进学习能力的发展和成年后的心理健康。

田田是一年级的孩子，妈妈最近有些发愁，因为老师反馈，田田在学校很少主动回答问题，求知欲不强。在家的时候，妈妈也发现田田是很乖，让他学什么就学什么，但是完全不会主动提出问题。

像田田这样的孩子，主要是因为父母对孩子的限制太多了，孩子慢慢就失去了好奇心。要知道，孩子的兴趣，绝不仅仅是靠父母送去各种各样的兴趣班能培养起来的。兴趣更源于生活，孩子在玩耍中感受、思考，发现自己的兴趣。

游戏力养育创始人劳伦斯·科恩就曾说过："将游戏带入养育生活，

带入孩子的生活，因为游戏就是孩子的生活方式，也是他们学习的最好方式。"

相信有很多家长带孩子去上过游泳课。游泳课是怎么上的，可能有的家长会说，教练教，孩子做，然后教练纠正姿势，如此往复。乍一听，其实没什么不妥，都是这样学的，对吗？但其实，这个教学过程可以跟游戏结合，会让游泳变得更有趣，孩子们也更喜欢。

我的一位朋友对孩子的游泳教练赞不绝口，效果非常好，因为教练采用了一种非常好玩的方法。他把学游泳的小朋友们分成了几个小组，然后，把一些造型可爱有趣的玩具扔到泳池里，然后教练一声令下，孩子们争先恐后跳到水里抢玩具，最终拿到玩具最多的小组就是胜利者。

当浮在水面的玩具被抢光之后，为了抢到更多的玩具，一些胆子大的孩子就会试着憋气去水底捡玩具。其他孩子看到后，即使一开始还有些犹豫，也会被同伴的勇气感染，很快也学着憋气去捡玩具。

这样的游戏化训练，更容易激发了孩子的勇气和潜力。

所以，父母不仅要在孩子的日程里面给孩子留有玩的时间，自主安排的时间，让孩子们尽情做他喜欢的事情，还应该专门空出时间陪着孩子玩耍。其实在孩子心里，父母陪他玩 10 分钟都很开心，这也是一种情感上的深深的联结。

3. 练习：带着目的的练习，帮助孩子学习事半功倍

在学习新知识、新事物的时候，有些孩子理解得快一些，有些孩子理解得慢一点，这或许跟孩子智商有关系，但真正影响孩子学习的最终效果的，并非天生的基因。

《刻意练习》一书的作者埃里克森提道：杰出并不是一种天赋，而是人人都能习得的技巧，成为杰出人物的关键，就在于"刻意练习"。

书中提到了富兰克林提高自身写作水平的故事。富兰克林没有老师教导，只能自学，所以他在开始写作初期，一次次尝试、一次次碰壁，但是他并没有放弃。富兰克林每一次都会把文章记在脑海里，一遍记不住就记第二遍，直到记忆清晰为止。然后再用自己的语言文字来重新把文章写一遍。在对比的过程中，富兰克林能够找到自己的缺点，借此不断改正自身。

正如富兰克林所说："坚持就是成功。这个坚持的过程，就是一次次刻意训练的过程。"

但练习，并非盲目地重复。有父母让孩子不断刷题，或者同样一道题再三重复做，其结果不仅让孩子成绩没有什么提高，还让孩子在重复中失去了学习的兴趣。其实，根源在于孩子根本没有理解为什么要做练习，也并未找到自己在学习上的薄弱环节，只是盲目、大量地简单重复，让孩子心生厌倦。

所以，父母应教会孩子思考"为什么要做练习？""怎样练习才能将知识点举一反三？"，花点时间让孩子思考清楚练习的目的，再让孩子在练习中得到提升，总结方法，才会让孩子在学习上真正事半功倍。

4. 精通：在某一方面达到精通，给孩子带来更大的成就感

有的父母在养育孩子过程中，带着焦虑情绪，会给孩子报很多的兴趣班，希望自己的孩子在同龄人中出类拔萃。

但其实，孩子没法在短时间内达到"样样通"的水平，反而是当孩子在某项技能达到精通阶段后，孩子自然而然能够享受到这项技能带给自己的喜悦和成就感，才会带着这份自信去探索更广阔的领域。

我女儿的英语启蒙比较晚，是她在上小学之后，才开始的。一开始，她并没有对英语显露出多大的学习兴趣。我给她选了一门英文戏剧课，老师声情并茂地带着孩子学习英文，她开始变得越来越爱学习英文。我跟她一起讨论制定了学习计划，每天朗读英文课文，进行了刻意练习。当她的英语水平不断提升，经常被老师叫到领读课文的时候，她对英语越来越感兴趣，也无须我去提醒她练习英文了。有一天，她问我："妈妈，我想多多练习英语，因为我想成为一个能开口说英语的外交官！"

当孩子经历了从练习到精通的过程后，孩子的自我效能感得到极大提升。即使不再得到外部的奖励或者赞美，孩子也能将这件事有兴趣地做下去。

5.认同感：精通使孩子卓越，卓越让孩子获得更多联结

如果说五大循环法中的第一个步骤是为了让孩子获得信任感和安全感的话，那么这个步骤就是为了让孩子获得价值感和归属感，从而强化孩子做好这件事的意义和信念，以便获得来自父母和周围环境的认同。

随着孩子的成长，认同感扮演的角色越来越重要。孩子们不仅在乎父母的评价和鼓励了，而且他们希望获得更多来自周围群体的赞美和认同。所以，我们会看到大人觉得无关重要的一张奖状或者一份奖品，孩子们拿到之后却视若珍宝。对孩子来说，这不仅仅是一张纸或一份小玩意儿，而是自己被集体认同后获得的荣誉和价值。认同感，加深和拓宽了孩子们的联结范围，从家庭到群体，乃至和社会的联结。

父母的认同，周围环境的认同，让孩子不断地想去练习并精通某件事，这就成了实实在在的内驱力。

通过这五个步骤，唤醒了孩子的信任感、安全感、归属感、信心、

耐心、勇气和自驱力等能力。如此循环反复，不仅可以帮助孩子打开通往快乐学习的大门，也能让孩子获得更幸福的人生。

学员真实案例

想让孩子学习好，先让孩子感觉好！

我是一个二胎妈妈，大儿子上六年级，小儿子上小学一年级。

我很重视孩子教育，所以，大儿子一直以来成绩都很优秀。但是，大儿子上六年级以来，我们爆发了很多次"战争"，都是因为学习成绩。我担心孩子成绩不够好，考不上重点中学，于是给孩子布置了很多学习任务，平时在家对他也是管教很严。

让我很焦虑的是，我的重压之下，儿子变得越来越不自信，不仅学习成绩一落千丈，而且连自己最喜欢的游泳，也放弃了。要知道，他的游泳成绩非常好，只要加把劲，很有可能成为游泳国家二级运动员。但是，他现在却吧嗒着告诉我，他不想再练了！

我不解，自己到底做错了什么，让孩子变成这样呢？

我的好友劝我去学习崔老师的课程，一开始我有些抗拒。我说，我看了那么多书，学了那么多课程，还有必要再学习吗？但是看到孩子的状态越来越不好，甚至有厌学倾向，我想：还是再试一次吧。

通过学习，我才认识到，孩子的今天，是我一手造成的。在他的成长经历中，我很少鼓励他，反而因为怕他"翘尾巴"变得骄傲，总是打击他；我对他要求严格，甚至提的学习要求远远超过他的"最近发展区"，让孩子害怕犯错，害怕自己不够好，因此不敢尝试，选择放弃。理解了孩子的内心需求，我在深夜泪流满面。

我问崔老师："我现在改变，还来得及吗？"崔老师的回复坚定无比，给了我极大的支持和信心，她说："任何时候都不晚！我们也许是孩子的起跑线，但绝不是终点。请用发展的眼光看待孩子，同时也用成长性思维武装自己。"

是啊，用成长性思维武装自己，抛弃完美主义，看到孩子的闪光点，这些，不正是我和孩子真正需要的吗？

学习了"循环五步法"后，我开始付诸实践，彻底改变。

从修复亲子关系开始，我不再对儿子提过高要求，当儿子在学习上取得进步时，我会真诚鼓励他，用"我看见，我注意到"的句式跟他交流，让儿子看到自己努力的每一个小进步。儿子也渐渐地不再抗拒，有时还会拿着自己的作业让我看。

为了缓解儿子的学业压力，我还和先生带着孩子们在周末去郊游，去打羽毛球，全家一起享受玩耍带来的轻松时刻。两个儿子也变得越来越积极，越来越快乐。

在我的改变下，大儿子重新回到游泳课上，开始了艰苦的训练。每当他训练完成之后，我都会跟他讨论本次训练的心得，慢慢引导孩子注意自己技法的提升，总结经验，刻意练习。还教儿子把自己最喜欢的游泳运动员的照片贴在自己房间的门上，用来激励自己。

随着儿子在游泳上取得的进步越来越大，他也更关注自己的学习，他说，自己的偶像也是一名学霸，自己也要成为他那样的人，考上一流的大学。听到儿子说这些，我内心很欣慰，并鼓励儿子继续精进，这样离梦想会越来越近。

六年级上学期，儿子拿回了"漂亮"的成绩单，看着儿子日渐长大的样子，我内心充满了感慨。这一次，我发自内心地告诉儿子："妈妈相信你能行，你会成为你梦想的样子！"说完，我自己也流下了喜悦的泪水……

· 笔 · 记 · 栏 ·